학문을 키워주는 미래로의 산책

에게 드립니다

온고지신(溫故知新)

'온고(溫故)'는 옛것을 익힌다는 뜻이고, '지신(知新)'은 새것을 안다는 뜻으로 새로운 것을 알기 위해서 옛것을 익히고 배워야 한다.

온고지신 인문학 3

원저:주　희 / 편저:박일봉

일봉 사서입문

개정판

육문사
Yukmoonsa

編著者 朴一峰
高麗大學校 文科大學 國語國文學科 卒業.
同大學院 修了(文學碩士).
前 高麗大學校 講師. 陸軍士官學校 講師.
前 首都女子師範大學 講師.

온고지신 인문학 3
일봉 사서입문

초판 1쇄 | 2015년 9월 15일 발행

원저자 | 주 희
편저자 | 박일봉
교 정 | 이정민
디자인 | 인지숙
펴낸이 | 이경자
펴낸곳 | 육문사

주소 | 서울 마포구 월드컵로 11길 35, 101동 502호
전화 | 02-336-9948
팩시밀리 | 02-337-4315
출판등록 | 제313-2011-2호 (1974. 5. 29)

ISBN 978-89-8203-024-6 04140
978-89-8203-100-7 (세트)

국립중앙도서관 출판시도서목록(CIP)

(일봉) 사서입문 / 원저자: 주희 ; 편저자: 박일봉. -- 서울 : 육문사, 2015
p. ; cm. -- (온고지신 인문학 ; 3)

한자표제: 四書入門
원저자명: 朱熹
중국어 원작을 한국어로 번역
ISBN 978-89-8203-024-6 04140 : ₩13000
ISBN 978-89-8203-100-7 (세트) 04140

주희(인명)[朱熹]
사서(경전)[四書]

152.416-KDC6
181.11-DDC23 CIP2015023774

一峰 四書入門

사서입문을 시작하며……

이 책은 장차 사서(四書)를 읽으려는 젊은 학생들과 일반 교양인들을 위하여, 그 길잡이로서 꾸민 책이다.

원래 중국 고대에는 오경(五經 — 詩經 · 書經 · 易經 · 禮記 · 春秋)을 유교 경전(儒教經典)의 정통으로 삼아, 역대 왕조에서는 오경(五經) 박사(博士)를 두어 그 연구와 전승을 꾀해 왔었으나, 송나라 때에 이르러 유교의 석학(碩學)인 주희(朱熹)가 〈대학(大學)〉과 〈중용(中庸)〉을 〈예기(禮記)〉에서 분리시켜 장구(章句)로 정리하고, 〈논어(論語)〉와 〈맹자(孟子)〉에 집주(集註)를 단 이후로, 사서가 유교 경전의 중심을 이루게 되었던 것이다.

주희(朱熹)는 이상과 같은 공자→증자(曾子)→자사(子思)→맹자의 사자서(四子書)를 정리함으로써 유교 전승(儒教傳承)의 과정을 체계화시켰으며, 이로써 사서는 유교 경전으로서의 지위를 차지하게 되었던 것이다.

우리나라에서는 고려 시대에 송나라 학문의 수입으로 이미 사서가 널리 읽혔으며, 척불숭유(斥佛崇儒)를 국시(國是)로 하는 조선 시대 이후로는 더욱 널리 보급되어, 국가의 정치로부터 개인의 일상생활에 이르기까지 깊숙이 스며들어 우리 민족 사상의 지주(支柱)가 되어 왔으며, 아직도 우리의 생활 구석

구석에까지 잔재(殘在)해 있어, 사서야말로 우리 민족과는 가장 밀접한 관계를 지니고 있는 고전인 것이다. 예전 고등학교 한문 교과서에 '사서편(四書篇)'을 따로 실은 의의(意義)도 여기에 있다 하겠다.

그러나 사서는 원래 한문으로 되어 있을 뿐 아니라 그 지니고 있는 뜻이 또한 심오하여, 서양의 고전들처럼 우리말로 번역된 것만 읽고서는 그 속뜻까지 이해하기 어렵다. 이리하여 고등학교 학생 정도의 한문 실력만 있으면 사서를 원문으로 읽을 수 있도록 꾸며 본 것이 이 〈사서입문(四書入門)〉이다. 이 책에서는 사서에서 각각 그 골자가 되는 중요한 문장들을 골라 실었으며, 한자 공부에서 문장 해석과 문법에 이르기까지 되도록 자세히 설명했다. 따라서 이 책 한 권만 다 공부하고 나면, 사서의 윤곽을 어느 정도 파악할 수 있으며, 나아가 사서를 원문으로 읽을 수 있으리라고 믿는 바이다.

이 책이 독자 여러분의 실력 향상과, 새로운 인생의 의의(意義)를 발견하고, 잃었던 인간성을 되찾고 삶의 지혜를 넓히는 데 다소라도 도움이 되었으면 하는 생각이다.

차 례 / 사서입문(四書入門)

<일러두기>

- 이 책은 〈논어(論語)〉·〈맹자(孟子)〉·〈대학(大學)〉·〈중용(中庸)〉의 순서로 편집하였다.
- 〈논어〉는 전편(全篇)에서 중요한 문장들만 가려 뽑아, 편의상 기초편·학문·인(仁)·효제충신(孝悌忠信)·언어와 행동·군자(君子)·정치(政治)·수신(修身)·공자(孔子)의 아홉 편으로 분류하였다.
- 〈맹자〉·〈대학〉·〈중용〉에서는 그 중요한 문장들만 가려 뽑아, 각각 그 원본의 차례에 따라 실었다.
- '기초편'은 한문의 기본 실력을 습득하도록 꾸민 것이다.
- 한자의 음(音)과 훈(訓)을 자세히 달아 한자 사전을 찾는 번거로움을 덜도록 하였다.
- 【문 법】 난을 두어 한문 해석에 도움이 되게 하였다.
- 한자와 어구(語句)를 먼저 익힌 다음, 문법을 참고해 가며 원문을 큰 소리로 되풀이하여 읽으면, 한문 실력이 나날이 좋아질 것이다.

제 1 편
논어
(論語)

공자의 언행을 중심으로 하여 제자들이 편찬한 것으로, 모두 20편으로 되어 있다. 심오한 진리가 담겨 있으면서도 문장이 비교적 쉬우며, 읽는 이들에게 깊은 감명을 주는 명언들이 많다. 고전 중에서도 가장 위대한 고전인 이 〈논어〉는 일찍이 삼국 시대에 우리나라에 전래되어 널리 읽혔으며, 백제의 학자 왕인(王仁)이 이를 처음으로 일본에 전해 주었다.

제1장

기초편
(基礎篇)

1

〈제13편 憲問〉

> 子曰 君子上達 小人下達.
> 자 왈 군 자 상 달 소 인 하 달

공자께서 말씀하시기를

"군자는 위로 통달하고, 소인은 아래로 통달하느니라."

【글자 뜻】 曰:가로 왈. 君:스승 군(임금 군). 達:달할 달.

【말의 뜻】 子:남자에게 붙이는 통칭. 선생. 공자를 일컫는 말. 曰:말하다. 君子:학문과 덕행을 갖춘 사람. 上達:위로 통달함. 학문과 덕에 밝아짐. 小人:사람의 도리를 모르는 사람. 下達:아래로 통달함. 재물과 욕심에 밝아짐.

【문　법】 君:주어(명사). 上:보어. 達:서술어(동사).

【뜻 풀이】 사람이 본래 타고난 본성(本性)은 선한 것이다. 그러나 후천적인 환경이나 교육과 본인의 생활 태도에 따라 선한 사람과 악한 사람으로 갈리게 되는 것이다. 이리하여 부귀(富貴)와 공명(功名)을 뜬구름같이 여기고 덕을 존중하는 사람은 날이 갈수록 진리를 깨달아 인격이 완성되어 가지만, 재물의 욕심과 권력에 대한 욕심에 눈이 어두운 소인들은 날이 갈수록 자기 욕심(利慾)에만 밝아져, 귀중한 자기의 인간성을 상실하여 타락되어 갈 것이다.

2

〈제9편 子罕〉

子曰 知者不惑 仁者不憂 勇者不懼.
자 왈 지 자 불 혹 인 자 불 우 용 자 불 구

공자께서 말씀하시기를

"지혜로운 사람은 당황하지 않고, 어진 사람은 근심하지 않고, 용기 있는 사람은 두려워하지 않느니라."

【글자 뜻】 知:지혜로울 지(알 지). 智와 같음. 者:사람 자. 惑:미혹할 혹. 仁:어질 인. 憂:근심할 우. 勇:날랠 용. 懼:두려워할 구.

【말의 뜻】 知者:지혜 있는 사람. 不惑:미혹되지 않음. 仁者:어진 덕을 지닌 사람. 不憂:근심하지 않음. 勇者:용기가 있는 사람. 不懼:두려워하지 않음.

【문 법】 知:주어. 惑:서술어(동사). 不:부정사.

【뜻 풀이】 지(知)·인(仁)·용(勇)은 군자가 갖추어야 할 세 가지 덕목(德目)이다. 지는 이성적(理性的)인 판단력, 인은 널리 사랑하는 마음, 용은 과감한 실천력이다. 사리에 밝아 판단이 서기 때문에 미혹에 빠져 당황하는 일이 없고, 사람들을 널리 사랑하여 사욕이 없기 때문에 근심이 없으며, 과감하기 때문에 두려움이 없는 것이다. 사람이 능히 이 세 가지를 갖출 수 있다면, 정의(正義)롭게 살아 인생을 그르치는 일이 없을 것이다.

3

〈제4편 里仁〉

子曰 君子喻於義 小人喻於利.
자 왈 군 자 유 어 의 소 인 유 어 리

공자께서 말씀하시기를
"군자는 정의에 밝고, 소인은 이익에 밝으니라."

【글자 뜻】 喩:밝을 유. 깨달을 유. 於:어조사 어. 義:옳을 의. 利:이할 리.

【말의 뜻】 喩於義:정의에 밝음. 喩於利:이익에 밝음.

【문 법】 君:주어. 義:보어. 喩:서술어(형용사). 於:전치사(~에, ~에서, ~보다). 여기에서는 ~에의 뜻임.

【뜻 풀이】 군자는 정의를 위하여 살고, 소인은 이익을 위하여 산다. 사람은 자기의 인생 목표를 무엇에 두느냐에 따라 선한 사람도 되고 악한 사람도 된다. 수양이 있는 사람은 정의를 앞세우고 이익을 뒤로 미루지만, 수양이 없는 소인은 사리사욕을 앞세워 정의를 돌보지 않게 마련이다.

4

〈제13편 子路〉

子曰 君子泰而不驕 小人驕而不泰.
자 왈 군 자 태 이 불 교 소 인 교 이 불 태

공자께서 말씀하시기를

"군자는 태연하되 교만하지 않고, 소인은 교만하되 태연하지 못하니라."

【글자 뜻】 泰:클 태. 태연할 태. 而:말이을 이. 驕:교만할 교.

【말의 뜻】 泰:태연함. 태연자약함. 不驕:교만하지 않음.

【문 법】 君:주어. 泰:서술어. 驕:서술어(형용사). 不:부정사. 而:접속사. 윗말을 받아 아랫말에 이어줌(그리고, 그러나, ~하지만, ~하여서, ~하면서). 여기서는 ~하지만의 뜻임.

【뜻 풀이】 군자는 정의를 위하여 살고, 소인은 이익을 위하여 산다. 그러므로 인생을 달관하고 사는 군자는 아무리 가난해도 태연자약하게 인생을 즐기고, 또 아무리 부귀해져도 교만함이 없이 부귀해지면 부귀해질수록 더욱 겸손하여 널리 대중을 사랑한다. 그러나 이익만을 추구하는 소인은 조금만 부귀해져도 오만불손하게 굴며, 가난하면 부귀를 얻기 위하여 안달을 하고, 또 부귀해지면 그것을 잃을까 안달을 하여, 언제나 마음이 태연자약할 수 없는 것이다.

5

〈제14편 憲問〉

子曰 貧而無怨難 富而無驕易.
자 왈 빈 이 무 원 난 부 이 무 교 이

공자께서 말씀하시기를

"가난하면서도 원망하지 않기는 어렵고, 부귀하면서도 교만하지 않기는 쉬우니라."

【글자 뜻】 貧:가난할 빈. 無:없을 무. 怨:원망 원. 易:쉬울 이(바꿀 역).

【말의 뜻】 無怨:원망이 없음. 원망하지 않음. 無驕:교만함이 없음. 교만하지 않음.

【문 법】 貧~怨:주어. 易:서술어. 無:부정사. 而:접속사(~하면서도).

【뜻 풀이】 세상 사람들은 흔히 이루어진 공은 자신에게로 돌리고 실패한 책임은 다른 사람에게로 돌리려 한다. 그리하여 조금만 부귀해지면 잘난 체 교만을 부리고, 조금만 곤궁해지면 부모를 원망하고, 형제를 원망하고, 친구를 원망하고, 국가와 사회를 원망하여 원망이 많게 마련이다. 가난하여도 원망하지 않고, 부귀하여도 교만하지 않기란 둘 다 어려운 일로서, 사리사욕에 눈먼 소인이라면 한 가지도 해내지 못한다. 그러나 덕을 닦아 중간쯤에 이른 사람이라면, 그래도 부귀해도 교만하게 굴지 않을 수는 있다. 그래서 아무리 가난한 생활 속에서도 조금도 원망함이 없이 학문과 덕을 닦으며 인생을 즐기는 사람이라야, 가히 인격이 수양된 군자라 할 수 있는 것이다.

6

〈제4편 里仁〉

子曰 德不孤 必有隣.
자 왈 덕 불 고 필 유 린

공자께서 말씀하시기를
"덕은 외롭지 않다. 반드시 이웃이 있느니라."

【글자 뜻】 德:덕 덕. 孤:외로울 고. 必:반드시 필. 有:있을 유. 隣:이웃 린.

【말의 뜻】 不孤:외롭지 않음. 有隣:이웃이 있음.

【문 법】 德:주어. 孤 · 有:서술어. 不:부정사. 必:수식어(부사). 隣:보어.

【뜻 풀이】 덕이란 어질고 선하고 올바른 인격이다. 이와 같은 덕은 스스로의 인격을 높일 뿐 아니라, 다른 사람들에게 감화와 은덕을 베푼다. 지(智) · 인(仁) · 용(勇)을 삼덕이라 하고, 삼덕을 갖춘 사람을 군자라 하거니와, 덕이 높을수록 남을 감화시키는 위력도 커, 마치 후한 집에 이웃이 몰리듯이 사람들이 덕을 찾아 모여들게 마련인 것이다. 논어에는 이와 같은 명언(名言)들이 많다.

7

〈제4편 里仁〉

子曰 朝聞道 夕死可矣.
자 왈 조 문 도 석 사 가 의

공자께서 말씀하시기를
"아침에 도리를 들어 깨달으면 저녁에 죽어도 좋으니라."

【글자 뜻】 朝:아침 조. 聞:들을 문. 道:도리 도(길 도). 夕:저녁 석. 死:죽을 사. 可:옳을 가. 矣:어조사 의

【말의 뜻】 聞:들어서 깨달음. 道:참된 도리. 인간의 도리. 진리. 可矣:좋을 것이다. 유감이 없다.

【문 법】 朝:보어. 夕:보어. 聞:서술어(동사). 死:서술어(동사). 道:목적어. 可:서술어(형용사). 矣:종결조사. 이 글에는 주어(군자 · 사람)가 생략되었음.

【뜻 풀이】 사람이 산다는 의의는 잘 먹고 잘 사는 데 있는 것이 아니다. 참된 도리를 깨달아 사람답게 살아야 하는 것이다. 백 살을 산다 할지라도 사람의 참된 도리를 모르고 산다면, 그 사람은 인생을 헛사는 것이다. 사람의 참된 도리를 깨닫고, 그 도리를 지키어 산다면, 단 하루를 살다 죽을지라도 유감은 없는 것이다. 인생의 진리에 대한 위대한 말씀이다.

8

〈제15편 衛靈公〉

子曰 人無遠慮 必有近憂.
자 왈　인 무 원 려　필 유 근 우

공자께서 말씀하시기를
"사람은 먼 생각이 없으면 반드시 가까운 근심이 있느니라."

【글자 뜻】 遠:멀 원. 慮:생각 려. 近:가까울 근. 憂:근심 우.

【말의 뜻】 遠慮:먼 생각. 近憂:가까운 근심.

【문　법】 人:주어. 慮·憂:보어. 無·有:서술어. 遠·近:수식어(형용사). 必:수식어(부사).

【뜻 풀이】 사람은 먼 앞날까지 내다보고 살아야 한다. 만일 인생의 목표가 장래에 설정되어 있지 않다면, 그날그날 눈앞의 이익만을 따라 살게 될 것이니, 머지않아 큰 우환에 빠지고 말 것이다.

9

〈제15편 衛靈公〉

子曰 君子求諸己 小人求諸人.
자 왈 군 자 구 저 기 소 인 구 저 인

공자께서 말씀하시기를
"군자는 그 책임을 자신에게서 구하고, 소인은 남에게서 구하느니라."

【글자 뜻】 求:구할 구. 諸:어조사 저(제). 모두 제. 己:몸 기. 자기 기.

【말 의뜻】 求諸己:자기에게서 찾음. 잘못된 원인을 자신에게서 찾음의 뜻. 求諸人:남에게서 구함. 책임을 남에게 돌림의 뜻.

【문 법】 君子 · 小人:주어. 求:서술어(동사). 己 · 人:보어. 諸:어조사. 之於의 뜻. 之於의 之는 대명사(이를), 於는 전치사(~에서).

【뜻 풀이】 덕을 닦아 인생관이 확립된 사람은 뚜렷한 목적 의식을 가지고 자기 주관에 따라 행동하므로, 일이 이루어지지 않더라도 결코 남을 탓하지 않고, 행동의 책임을 자기가 지며, 그 원인을 자기에게서 찾는다. 그러므로 다시는 그런 잘못을 범하지 않게 되며, 이렇게 되면 그 잘못은 도리어 좋은 교훈이 되어 그의 인격은 더욱 높아지게 되는 것이다. 그러나 이와 반대로 눈앞의 이익만을 좇아 행동하는 소인은 확고한 목적 의식이 없이 그저 맹목적으로 욕망의 노예가 되어 이리 좇고 저리 달리기 때문에 만일 일이 뜻대로 되지 않으면, 그 원인과 책임을 외부의 여건에 돌려 남을 원망할 뿐 스스로 반성하지 않기 때문에, 날이 갈수록 최하의 인간으로 타락해 가는 것이다.

10

〈제15편 衛靈公〉

子曰 過而不改 是謂過矣.
자 왈 과 이 불 개 시 위 과 의

공자께서 말씀하시기를

"잘못을 저지르고서도 고치지 않는 것, 이것이 바로 잘못이라는 것이니라."

【글자 뜻】 過:허물 과(지날 과). 改:고칠 개. 是:이 시(옳을 시). 謂:이를 위.

【말의 뜻】 過而不改:잘못하고서도 고치지 않음. 是謂:이것을 ~라고 한다.

【문 법】 過:앞의 過는 동사, 뒤의 過는 명사. 而:접속사(~하고서도). 過而不改:過而不改其過의 생략형. 是:대명사.

【뜻 풀이】 사람인 이상 누구에게나 잘못은 있게 마련이다. 요는 그 뒤처리가 문제인 것이다. 자기가 저지른 잘못을 깨닫는 즉시 이를 고쳐 다시는 그 전철(前轍)을 밟지 않는다면 오히려 그 잘못은 좋은 약이 될 것이다. 그러나 자기의 잘못을 알면서도 스스로 시정하려 노력하지 않을 뿐 아니라, 사람들이 알까봐 이를 은폐하고 변명하기에만 급급하다면, 돌이킬 수 없는 잘못이 되고 말 것이다.

11

〈제7편 述而〉

子曰 奢則不孫 儉則固 與其不孫也寧固.
자 왈 사 즉 불 손 검 즉 고 여 기 불 손 야 영 고

공자께서 말씀하시기를

"사치하면 공손치 못하고 검약하면 인색하거니와, 공손치 못함보다는 차라리 인색한 편이 나으니라."

【글자 뜻】 奢:사치할 사. 孫:공손할 손(손자 손). 遜과 같음. 儉:검약할 검. 固:굳을 고. 寧:차라리 영(편안할 녕).

【말의 뜻】 奢則不孫:사치하면 겸손치 못하고 거만함. 儉則固:검약하면 인색함. 與其~ 寧~:~하기보다는 차라리 ~하는 편이 낫다.

【문 법】 奢則·儉則:동사. 孫·固:형용사. 不:부정사. 與其~寧~:비교를 나타내는 관용구. 與는 전치사, 寧은 부사. 이 글에서는 주어(人)가 생략됨.

【뜻 풀이】 사람이란 지나치게 사치한 생활을 하면 거만해지게 되고, 지나치게 줄여 쓰면 인색해지게 된다. 두 경우를 비교한다면 그래도 오만불손하기보다는 인색한 편이 낫다. 그러나 거만함도 인색함도 없는 사람이라야 중용(中庸)의 도를 걷는 인격이 수양된 사람이라 하겠다.

제2장

학 문

(學問)

1

〈제1편 學而〉

子曰 學而時習之 不亦說乎. 有朋自遠方來 不亦樂
자 왈 학이시습지 불역열호 유붕자원방래 불역락
乎. 人不知而不慍 不亦君子乎.
호 인부지이불온 불역군자호

공자께서 말씀하시기를

"배우고서 때때로 그것을 익히면 또한 기쁘지 아니한가! 벗이 있어 먼 곳으로부터 찾아오면 또한 즐겁지 아니한가! 사람들이 나를 알아주지 않아도 성내지 않는다면 또한 군자가 아니겠는가!"

【글자 뜻】 時:때 시. 習:익힐 습. 之:이 지(갈 지, 의 지). 亦:또 역. 說:기쁠 열(말씀 설). 悅과 같음. 乎:어조사 호. 朋:벗 붕. 遠:멀 원. 方:방위 방. 樂:즐거울 락. 慍:성낼 온.

【말의 뜻】 學而時習之:배우고서 때때로 자주 그것을 익힘. 不亦~乎:또한 ~하지 않겠는가! 朋:벗. 공부를 함께 하는 벗. 뜻이 같아 사귀는 벗은 友. 自遠方來:먼 곳으로부터 옴. 人不知:사람이 나를 알아주지 않음. 不慍:성내지 않음. 원망하지 않음.

【문 법】 而:접속사. 앞의 而는 ~하고서 그리고의 뜻, 뒤의 而는 ~하여도 그래도의 뜻. 之대명사. 學을 가리킴. 不亦~乎:강조를 나타내는 반어법(反語法). 乎는 감탄종결조사. 自~來:~로부터 옴. 自는 전치사.

【뜻 풀이】 이 글은 논어(論語) 첫머리에 실려 있어, 논어 전체의 총론인 동시에 결론이라고도 말할 수 있다. 공자의 교육은 학문과 덕을 높은

스승에게서 배우고, 또 이를 자주 익혀 스스로의 몸을 닦고 갈아, 수신(修身)·제가(齊家)·치국(治國)·평천하(平天下)를 할 수 있는 군자(君子)라는 인간형(人間型)을 도야(陶冶)함에 그 목적이 있다 하겠다.

배우고서 그 배운 바를 자주 익혀 나간다면, 이 또한 기쁘지 아니한가! 높은 스승 밑에서 성현(聖賢)의 도(道)를 공부하고, 그 배운 바를 자주 익히고 실천에 옮겨, 인격을 완성시켜 나간다면 기쁜 일이 아니겠는가! 귀로 들은 것을 소화하지 않고 그대로 남에게 말하는 학문을 구이지학(口耳之學)이라 하거니와, 아무리 위대한 스승에게서 교육을 받을지라도 자기 스스로가 분투 노력하고 실천궁행(實踐躬行)하지 않는다면 한낱 구이지학일 뿐 인격 수양에 도움이 되지 못할 것이다. 인격을 높이는 길은 첫째, 자기 자신에게 달려 있는 것이다. 갓 태어난 새가 자주 나는 연습을 되풀이하여 드디어는 푸른 하늘을 날아다니게 되듯이, 사람도 스승에게서 배운 올바른 도리를 자주 실천에 옮겨 몸에 배게 해야만 인격은 향상되게 마련인 것이다.

벗들이 먼 곳으로부터 찾아온다면 이 또한 즐겁지 아니한가! 스승의 높은 이름을 듣고, 가까운 곳에서는 물론 먼 곳에서까지 벗들이 모여들어

학문과 덕을 함께 배우고 함께 논한다면, 이 또한 얼마나 즐거운 일인가! 벗이란 좋은 것을 서로 권장하고 잘못된 점을 서로 충고하여 주는 인생의 반려자(伴侶者)이다. 마음과 뜻이 서로 통하는 벗과 높은 학문과 덕행을 함께 배우고 실천해 나가는 동안에 인격은 절로 향상되어 가게 마련인 것이다. 위대한 스승과 훌륭한 벗, 이들은 인생의 보배인 것이다.

남이 나를 알아주지 않아도 성내지 않는다면, 이 또한 군자가 아니

겠는가! 학문의 목적은 첫째로 인격의 도야(陶冶)에 있다. 사람이 사람답지 못하다면 아무리 지식이 많은들 무엇에 쓰며, 높은 지위나 많은 재산을 가지고 있을지라도 그 권력과 재력을 옳게 행사하지 못하는 것이다. 정의를 저버리고 이익만을 추구하는 소인들은 윗사람에게는 아첨하고 아랫사람에게는 교만하여 언제나 몸과 마음을 고달프게 하고 있거니와, 이와 반대로 인격이 수양된 사람은 정의를 존중하고 부귀를 가벼이 여겨 인생을 달관하고 살아가기 때문에, 다른 사람이 내 학식이나 덕행이나 능력을 인정해 주지 않을지라도 조금도 서운하게 생각지 않고 태연자약할 수 있는 것이다. 이와 같은 사람이야말로 유교(儒敎)의 이상적(理想的)인 인간상(人間像)인 군자인 것이다.

2

〈제2편 爲政〉

子曰 溫故而知新 可以爲師矣.
자 왈 온 고 이 지 신 가 이 위 사 의

공자께서 말씀하시기를
"옛 것을 익히고 새 것을 알면, 능히 남의 스승이 될 수 있느니라."

【글자 뜻】 溫:익힐 온(따뜻할 온). 故:예 고(연고 고). 知:알 지. 新:새 신. 可:옳을 가. 爲:될 위(할 위). 師:스승 사.

【말의 뜻】 溫故:옛 것을 익힘. 옛 고전을 깊이 익힘. 知新:새 것을 앎. 현실에 맞는 새로운 원리를 알아냄. 可以:가히 써. 능히 할 수 있음. 爲師:남의 스승이 됨.

【문 법】 而:접속사(~하고, 그리고). 可以:부사. 矣:종결조사.

【뜻 풀이】 이는 학문의 길, 교사의 길, 그리고 스스로의 발전을 바라는 모든 사람이 지켜야 할 길인 것이다. 오늘날의 문화는 오랜 역사를 거쳐 이루어진 것이다. 그리고 지난 수천 년이나 수백 년 동안 꾸준히 읽혀 사람들에게 감동과 지혜와 교훈을 주어 인류의 문화를 계승하여 오게 한 문헌들을 고전(古典)이라 한다. 역사는 잠시도 쉬지 않고 전진하고 있다. 그러므로 과거에만 파묻혀 있어서는 시대에 뒤떨어진 사람이 되고 만다. 옛 것을 받아들이되 현실에 입각해서 받아들여야 하고, 이를 발전시켜 새 문화, 새 역사를 창조해야 하는 것이다. 어제가 있었기에 오늘이 있고, 오늘은 내일을 낳는 산실인 것이다. 과거를 깊이 연구하고 현실을 예리하게 파악하여 새로운 길을 창조하고 개척함이 희망에 찬 내일을 약속

하는 길인 것이다. '온고지신(溫故知新)'이란 말이 여기에서 나왔다.

3

〈제14편 憲問〉

> 子曰 古之學者爲己 今之學者爲人.
> 자 왈 고 지 학 자 위 기 금 지 학 자 위 인

공자께서 말씀하시기를
"옛날 배우는 사람들은 자기를 위하여 배웠는데, 오늘날 배우는 사람들은 남을 위하여 배우는도다."

【글자 뜻】 爲:위할 위(할 위). 己:몸 기.

【말의 뜻】 學者:배우는 사람. 爲己:자기를 위하여 함. 자신의 몸을 닦기 위하여 함. 爲人:남을 위하여 함. 남에게 나타내기 위하여 함.

【문 법】 之:소유격 조사(~의). 爲己:는 爲己學之, 爲人은 爲人學之의 준말.

【뜻 풀이】 학업이란 원래 자기 스스로의 인격을 수양하기 위하여 하는 것이지, 남에게 자신의 박학다식(博學多識)함을 자랑하기 위하여 하는 것이 아니다. 덕을 숭상하던 옛 사람들은 지식과 학문을 하면 할수록 인격이 수양되어, 아무리 부귀해질지라도 결코 겸손함을 잃지 않았는데, 이익과 명예를 추구하는 오늘날 사람들은 알면 알수록 경박해져, 조금만 남들보다 지식이나 재능이 뛰어나면 스스로를 내세워 자랑하며, 조금만 부귀해져도 교만하게 군다. 덕이 타락한 사회를 통탄한 말씀이다.

4

〈제2편 爲政〉

子曰 學而不思則罔 思而不學則殆.
자 왈 학 이 불 사 즉 망 사 이 불 학 즉 태

공자께서 말씀하시기를

"배우기만 하고 생각하지 않으면 어둡고, 생각하기만 하고 배우지 않으면 위태로우니라."

【글자 뜻】 則:곧 즉(법칙 칙). 罔:어두울 망(없을 망). 殆:위태할 태.

【말의 뜻】 學而不思:배우기만 하고 생각하지 않음. 罔:어두움. 사리에 어두움. 殆:위태함. 토대가 없어 행동이 위태로움.

【문 법】 而:접속사(~하고서). 則:부사(곧, 그러면).

【뜻 풀이】 사람이란 누구나 배우면 지식이 많아진다. 그러나 깊은 생각이 이에 뒤따르지 않는다면 현실에 어두워 실천에 옮길 수 없기 때문에, 산지식이 되지 못한다. 이와 반대로 생각만 하면 생각할수록 하고 싶은 일들이 많아진다. 그러나 배우지 않아 지식이 없다면, 그 생각은 토대가 없는 망상(妄想)에 그쳐, 그 행동 또한 정당성을 잃은 망동(妄動)이 되고 만다. 그러므로 군자의 올바른 덕행은 학문과 사색(思索)을 병행하는 데서 이룩되는 것이다.

5

〈제15편 衛靈公〉

子曰 吾嘗終日不食 終夜不寢 以思. 無益. 不如學也.
자왈 오상종일불식 종야불침 이사 무익 불여 학야

공자께서 말씀하시기를

"내 일찍이 종일을 먹지 아니하며, 밤새도록 자지 않고서 생각에 잠겨 보았더니 조금도 유익함이 없는지라, 배우느니만 못하였느니라."

【글자 뜻】 吾:나 오. 嘗:일찍 상. 終:마칠 종. 寢:잘 침. 益:유익할 익(더할 익). 如:같을 여.

【말의 뜻】 嘗:일찍이. 終日不食:종일토록 먹지 않음. 終夜不寢:밤새도록 자지 않음. 以思:그래 가지고 생각함. 無益:유익함이 없음. 不如:~함만 같지 못함. ~함만 못함.

【문 법】 嘗:부사. 以:윗말을 받는 부사. 不如:부정형용사(비교를 나타냄).

【뜻 풀이】 "생각하기만 하고 배우지 않으면 위태롭다."고 말씀한 것과 같은 뜻이다. 학문 없는 사색은 토대 없는 공상이 되어 생각하면 생각할수록 정신만 혼란할 뿐 발전이 없고, 사색이 따르지 않는 학문은 마음속까지 침투하지 못하여 인격을 길러 주는 영양소가 되지 못한다. 그러면서도 학문에 중점을 두고 사색이 뒤따라야 산지식이 되는 것이다.

6

〈제8편 泰伯〉

子曰 學如不及 猶恐失之.
자 왈 학여불급 유공실지

공자께서 말씀하시기를

"학문은 미치지 못할 것처럼 하되, 오히려 그것을 잃을까 두려워해야 하느니라."

【글자 뜻】 及:미칠 급. 猶:오히려 유. 恐:두려워할 공. 失:잃을 실.

【말의 뜻】 如不及:좇아가지 못하는 것처럼 함. 猶:오히려. 失之:그것을 잃음. 그것을 놓쳐 버림.

【문 법】 如:동사(~같이 함). 猶:부사. 之:대명사로 앞의 學을 가리킴.

【뜻 풀이】 공부하는 사람이 학업에 힘쓰는 마음가짐이다. 공부하는 사람은 모름지기 학업에 힘써 마치 그것에 도달하지 못할까 걱정하듯 서둘러 하면서도, 오히려 항상 그것을 놓칠까 두려워하는 마음을 지니고 부지런히 뒤쫓아가야만 학문은 이루어지는 것이다.

주자(朱子)의 시에 다음과 같은 것이 있다.

"소년은 늙기 쉽고 배움은 이루기 어려운 것이니, 한 치의 시간인들 가벼이 할 수 있으랴! 미처 연못가의 봄꿈을 깨기도 전에, 뜰 앞 오동잎은 벌써 가을의 소리. 少年易老學難成 一寸光陰不可輕 未覺池塘春草夢 階前梧葉已秋聲." 그렇다. 학문의 길은 멀고, 인생은 한이 있고, 배움에는 때가 있다. 항상 목표에 도달하지 못할까봐 일 분 일 초를 아껴 부지런히 좇아가도 이루지 못하고 놓치기 쉬운 것이 배움인 것이다.

7

〈제2편 爲政〉

子曰 由 誨女知之乎. 知之爲知之 不知爲不知
자 왈　유　회 여 지 지 호　　지 지 위 지 지　　부 지 위 부 지
是知也.
시 지 야

공자께서 말씀하시기를

"유야, 너에게 안다는 것이 무엇인지를 가르쳐 주랴? 아는 것을 안다고 하고, 모르는 것을 모른다고 하는 것, 이것이 바로 아는 것이니라."

【글자 뜻】 由:말미암을 유. 誨:가르칠 회. 女:너 여. 汝와 같음. 是:이 시.

【말의 뜻】 由:공자의 제자 子路의 이름. 공자보다 아홉 살 아래로 용기가 뛰어났음. 知之:아는 것. 爲知之:안다고 함.

【문　법】 女:이인칭 대명사. 乎·之:종결조사. 之:어세를 고른 조사. 是:지시대명사. 不知:부지라 읽음.

【뜻 풀이】 공부하는 태도를 말씀한 것이다. 공부란 알기 위해서 하는 것이다. 알되 분명히 알아 조금도 의심나는 점이 없어야 아는 것이다. 세상 사람들은 흔히 모르는 것도 아는 체하고 넘어가거니와, 이렇게 하면 모르는 것은 언제까지나 모르는 채로 남아 있어 영원히 앎은 이루지 못하고 말 것이다. 모르는 것을 알려고 하는 것이 어찌 부끄러움이 되랴. 그것을 아는 체하여 뽐내고, 그것을 알려고 노력하지 않음이야말로 부끄러운 처사라 하겠다. 공자의 제자 자로(子路)는 용기가 뛰어난 반면에 너무 성급하여 학문에는 뒤떨어졌던 모양이다. 덤벙대는 자로에게 적절한 교훈이라 하겠다.

8

〈제7편 述而〉

子曰 三人行 必有我師焉 擇其善者而從之 其不善
자왈 삼인행 필유아사언 택기선자이종지 기불선
者而改之.
자이개지

공자께서 말씀하시기를

“세 사람이 함께 가면 반드시 내 스승이 있게 마련이니, 그 선한 쪽을 골라 이를(그 선을) 따르고, 그 악한 쪽을 골라 이를(내 악을) 고쳐야 하느니라.”

【글자 뜻】 必:반드시 필. 我:나 아. 師:스승 사. 焉:어조사 언. 擇:가릴 택. 從:좇을 종. 改:고칠 개.

【말의 뜻】 三人行:세 사람이 함께 감. 세 사람이 함께 행동함. 必有~焉: 반드시 ~이 있다. 擇其善者:그 선한 쪽을 고름. 從之:그것을 따름. 改之:그것을 고침.

【문 법】 必:부사. 焉:종결조사. 擇:其不善者에도 걸리는 동사. 其:강조의 뜻을 나타내는 대명사. 앞의 其는 善者, 뒤의 其는 不善者를 가리킴. 而:접속사(~하여서). 之:대명사(목적어). 앞의 之는 善, 뒤의 之는 不善을 가리킴.

【뜻 풀이】 세 사람이 함께 간다면, 한 사람은 자신이고 둘은 남이다. 사람이란 누구나 남의 얼굴은 잘 알면서도 가장 가까운 자기의 얼굴을 잘 모르듯이, 남의 잘잘못은 잘 알면서도 자신의 잘못은 잘 모르는 법이다. 그러나 다른 사람이 둘 이상 있다면, 그들의 행동을 비교하여 볼

수 있기 때문에 잘잘못을 확실히 알 수 있다. 이리하여 그 훌륭한 점은 본받아 이에 따르고, 그 악한 점은 거울삼아 스스로를 반성하여 자신의 잘못을 고칠 수 있으니 모두 나의 스승이 되는 것이다. 사람은 누구나 항상 이와 같이 하여 자신의 몸을 닦아 덕을 쌓아올려야 하는 것이다.

9

〈제17편 陽貨〉

子曰 性相近也 習相遠也.
자 왈 성 상 근 야 습 상 원 야

공자께서 말씀하시기를
"사람의 천성은 서로 가까운 것이나 습관에 따라 서로 멀어지느니라."

【글자 뜻】 性:성품 성. 相:서로 상. 近:가까울 근. 習:익힐 습. 遠:멀 원.

【말의 뜻】 性:타고난 본성. 천성. 相近:서로 가까움. 다 선함의 뜻. 習:습관. 相遠:서로 멀리 떨어짐. 선과 악으로 크게 갈림의 뜻.

【뜻 풀이】 사람이 타고나는 천성이란 원래는 모두가 선하여, 대체로 큰 차이가 없다. 저 천진난만한 갓난아이들을 보라. 그들의 어디에 털끝만큼이라도 악함이 있는가! 그러나 차차 자라남에 따라 환경과 교육과 습관에 따라 선한 사람과 악한 사람의 심한 차이가 생기는 것이다.

10

〈제19편 子張〉

子夏曰 仕而優則學 學而優則仕.
자 하 왈 사 이 우 즉 학 학 이 우 즉 사

자하(子夏)가 말하기를

"벼슬하면서도 여가가 있거든 배우고, 배워서 힘이 넉넉해지거든 벼슬해야 하느니라."

【글자 뜻】 夏:여름 하. 仕:벼슬 사. 優:넉넉할 우.

【말의 뜻】 子夏:공자의 제자로 학문에 뛰어났음. 仕:벼슬함. 일함. 優:여가가 있음. 여력이 있음.

【뜻 풀이】 원래 벼슬과 학문은 같은 길이다. 우선 배움이 넉넉하고 인격이 닦인 뒤에 사회에 나가 일해야 하거니와, 일에 충실하면서도 틈이 있는 대로 공부하여 더욱 힘을 기르고 덕을 닦아야 하는 것이다. 그러나 요즈음 사람들은 학교를 마치고 사회에 진출하면 그날부터 책을 멀리하여 공부가 다 끝난 것으로 안다. 여가 있는 대로 자기 전공 분야의 학문을 더욱 깊이 연구하고, 교양 서적을 읽어 교양을 높여야 하는 것이다. 이와 같이 하여 교양과 능력이 풍부해지면 자연히 지위가 높아져도 그 일을 능히 감당할 수가 있게 되고, 귀중한 자기 인생을 그르치는 일도 없게 되는 것이다.

11

〈제1편 學而〉

子曰 君子食無求飽 居無求安 敏於事而愼於言就
자왈 군자식무구포 거무구안 민어사이신어언취
有道而正焉 可謂好學也已矣.
유도이정언 가위호학야이의

공자께서 말씀하시기를

"군자가 배불리 먹기를 구하지 아니하며, 편안히 거처하기를 구하지 아니하며, 일은 민첩하게 하되 말은 삼가서 하고, 도(道) 있는 이에게 나아가 스스로를 바로잡는다면, 비로소 배우기를 좋아하는 사람이라고 말할 수 있느니라."

【글자 뜻】 飽:배부를 포. 居:살 거. 敏:민첩할 민. 愼:삼갈 신. 就:나아갈 취. 焉:어조사 언. 謂:이를 위. 已:뿐 이(이미 이).

【말의 뜻】 食無求飽:먹음에 대하여 배부르기를 구하지 않음. 居無 求安:거처함에 편안하기를 구하지 않음. 敏於事:일에 민첩함. 선한 일은 곧 실천함. 愼於言:말에 신중을 기함. 就有道:도덕을 갖춘 현자에게 나아감. 正焉:자신을 바로잡음. 可謂:~라 이를 수 있다. 已矣:~할 뿐이다. ~할 따름이다. 已矣~也:已矣는 비로소 ~라 할 수 있다의 뜻.

【문 법】 而:접속사. 於:전치사. 也已矣:한정종결조사.

【뜻 풀이】 사람은 누구나 가난한 생활에 쪼들리기보다는 호화로운 집에서 좋은 음식을 배불리 먹는 안일한 생활을 바란다. 그러나 인생의 목표를 호화로운 생활에다 두어서는 안 된다. 적어도 자신의 몸과 마음

을 닦고 보람있는 일을 하려는 사람이라면, 굳이 자기 한 몸의 배부름과 안일한 생활을 바라지는 않는다. 그리고 좋은 일을 알면 곧 실천에 옮기되 말부터 앞세우지 않는다. 그러면서 한편 덕 높은 스승과 착한 벗을 따르면서 자신의 잘못을 바로잡아 나가는 것이다. 이런 사람이라야 배우기를 좋아하는 사람이라 할 수 있는 것이다.

12

〈제6편 雍也〉

子曰 君子博學於文 約之以禮 亦可以弗畔矣夫.
자 왈 군자박학어문 약지이례 역가이불반의부

공자께서 말씀하시기를

"군자가 글을 널리 배우고 예로써 단속한다면, 또한 가히 도(道)에 어긋나지 않을 것이니라."

【글자 뜻】 博:넓을 박. 約:줄일 약(언약 약). 弗:아닐 불. 畔:어긋날 반(언덕 반). 夫:어조사 부(지아비 부).

【말의 뜻】 博學:널리 배움. 約之:그것을 단속함. 弗畔:어긋나지 않음. 도에 어긋나지 않음의 뜻.

【문 법】 於·以:전치사. 之:博學을 가리키는 대명사. 亦可以:부사. 矣夫:감탄종결조사.

【뜻 풀이】 인격을 높이려면 우선 책을 광범위하게 많이 읽어 지식을 넓혀야 한다. 그러나 그 지식을 도의에 맞도록 선택하여 행동을 단속하여야 사람의 도리에서 어긋나지 않게 되는 것이다. 만일 예로써 단속함이 없이 아는 대로 마구 행동한다면 필연코 온갖 악을 저지르게 되어, 지식이 많으면 많을수록 자신과 남에게 미치는 해악 또한 클 것이다.

13

〈제19편 子張〉

子夏曰 博學而篤志 切問而近思 仁在其中矣.
자 하 왈　박 학 이 독 지　절 문 이 근 사　인 재 기 중 의

자하(子夏)가 말하기를

"널리 배우되 뜻을 독실히 하고, 간절히 묻되 가까운 것에서 생각한다면, 인(仁)은 그 가운데 있느니라."

【글자 뜻】 篤:도타울 독. 志:뜻 지. 切:간절 절(끊을 절).

【말의 뜻】 篤志:뜻을 독실히 함. 切問:간절히 물음. 近思:가까운 것에서 생각함. 仁在其中仁은 그 가운데 있음.

【뜻 풀이】 공자의 제자 중에서도 학문이 뛰어난 자하(子夏)가 학문하는 태도에 대하여 한 말이다.

앞에서 본 바와 같이 학문은 넓을수록 좋다. 그러나 뜻이 독실하지 못하다면, 그야말로 귀로 들어가 입으로 나오는 구이지학(口耳之學)이 되고 말 것이다. 그리고 의심나는 것은 기탄없이 자세히 물어서 확실히 아는 것이 학문하는 태도이다.

이리하여 새로운 것을 들어서 알게 되거든, 이를 자신을 중심으로 하여 가까운 것에 결부시켜 깊이 생각해 보아야, 비로소 도리를 확실히 깨달을 수 있게 된다. 이렇게만 해 나간다면 인격이 절로 닦이어 인(仁)에 이르게 되는 것이다.

14

〈제9편 子罕〉

子曰 譬如爲山. 未成一簣 止 吾止也. 譬如平地.
자 왈 비 여 위 산 미 성 일 궤 지 오 지 야 비 여 평 지

雖覆一簣 進 吾往也.
수 복 일 궤 진 오 왕 야

공자께서 말씀하시기를

"학문은 비유컨대 산을 쌓음과 같아서, 한 삼태기 흙이 모자라 완성되지 못할지라도 그침은 내가 그친 것이요, 비유컨대 땅을 평지로 만드는 것과 같아서, 비록 한 삼태기의 흙을 부었을지라도 나아감은 내가 간 것이니라."

【글자 뜻】 譬:비유할 비. 簣:삼태기 궤. 雖:비록 수. 覆:엎을 복. 往:갈 왕.

【말의 뜻】 譬如:비유컨대 마치 ~함과 같다. 爲山:산을 만듦. 未成一簣:한 삼태기로 완성시키지 못함. 平地:땅을 평평하게 함.

【뜻 풀이】 학문을 이루려면 꾸준한 노력이 필요하다. 인격을 닦는 일이나 세상 모든 일이 그렇다. 아무리 진전이 많을지라도 완성시키지 못하고 중간에서 그쳐 버리면 이제까지의 공이 수포로 돌아가고 만다. 이와 반대로 이제 막 시작하여 비록 이룬 것은 적을지라도 잠시도 쉬지 않고 꾸준히 힘써 나간다면 드디어는 완성을 보게 되는 것이다. 마치 부지런히 입으로 물어 나르는 개미처럼 쉬지 않고 한 삼태기 또 한 삼태기의 흙을 나른다면, 드디어는 산을 이루고 평지를 이룰 수 있는 것이다. 여기에는 꾸준한 전진이 필요한 것이다.

잠시를 쉬어도 후퇴요, 한 걸음을 나아가도 전진이다. 그리고 전진과 후퇴의 책임은 모두가 자기 자신에게 있는 것이다.

15

〈제15편 衛靈公〉

子曰 辭達而已矣.
자 왈 사 달 이 이 의

공자께서 말씀하시기를
"문장이란 뜻만 전달되면 그만이니라."

【글자 뜻】 辭:말씀 사. 達:달할 달.
【말의 뜻】 辭:문장. 達:전달됨.
【문　법】 而已矣:한정종결조사(~하면 그만일 뿐이다).

【뜻 풀이】 언어와 문장은 의사 표시(意思表示)의 수단이다. 그 뜻이 올바로 전달되면 그 기능을 다하는 것이다. 지나치게 수식(修飾)을 가하다 보면, 그 본뜻을 잃게 될 뿐 아니라 진실성을 잃게 된다.

16

〈제17편 陽貨〉

子曰 由 女聞六言六蔽矣乎. 對曰 未也. 居 吾語
자 왈 유 여문육언육폐의호 대왈 미야 거 오어
女. 好仁不好學 其蔽也愚. 好知不好學 其蔽也蕩.
여 호인불호학 기폐야우 호지불호학 기폐야탕
好信不好學 其蔽也賊. 好直不好學 其蔽也絞. 好
호신불호학 기폐야적 호직불호학 기폐야교 호
勇不好學 其蔽也亂. 好剛不好學 其蔽也狂.
용불호학 기폐야난 호강불호학 기폐야광

공자께서 자로(子路)에게 말씀하시기를

"유야, 너는 여섯 가지 말(言)에 대한 여섯 가지 폐단을 들은 일이 있느냐?"

자로가 대답하기를

"아직 듣지 못했나이다."

"앉아라, 내 너에게 말해 주리라. 인(仁)을 좋아하면서 배움을 싫어하면 그 폐단은 어리석어지고, 지혜를 좋아하면서 배움을 싫어하면 그 폐단은 방탕해지고, 신의를 좋아하면서 배움을 싫어하면 그 폐단은 남을 해치게 되고, 정직하기를 좋아하면서 배움을 싫어하면 그 폐단은 각박해지고, 용기를 좋아하면서 배움을 싫어한다면 그 폐단은 난폭해지고, 뜻이 굳세기를 좋아하면서 배움을 싫어한다면 그 폐단은 행동이 망령스러워지느니라."

【글자 뜻】 蔽:가릴 폐. 居:앉을 거(살 거). 女:너 여. 汝와 같음. 愚:어리석을 우. 蕩:방탕할 탕. 賊:해칠 적(도적 적). 絞:엄할 교(목맬 교).

剛:굳셀 강. 狂:미칠 광.

【말의 뜻】 由:공자의 제자 子路의 이름. 六言:여섯 가지 말. 仁·知·信·直·勇·剛을 가리킴. 六蔽:여섯 가지 폐단. 賊:남을 해침. 絞:각박함. 亂:난폭함. 剛:뜻이 굳셈. 狂:행동이 망령됨.

【뜻 풀이】 용기를 좋아하고 학문에 게으른 제자 자로에게 들려주신 말씀이다. 여기에서 말한 '인·지·신·직·용·강(仁知信直勇剛)'은 군자가 갖추어야 할 여섯 가지 덕이다. 그러나 학문적인 뒷받침이 없다면 모처럼의 좋은 덕을 가리어 폐단이 되고 만다.

마음이 어진 것은 좋다. 그러나 학문의 뒷받침이 없다면 어리석어 바보가 된다. 지혜는 사물의 이치를 잘 분간한다. 그러나 학문의 뒷받침이 없다면 잔꾀를 부려 불의를 마구 저지르게 된다. 신의는 대인 관계에서 보배이다. 그러나 학문의 뒷받침이 없다면 작은 신의만을 지키느라고 여러 사람에게 해를 끼치게 된다. 거짓을 모르는 정직함은 좋지만, 그러나 학문의 뒷받침이 없으면 사소한 일에까지 엄격히 따지고 각박하게 굴어 사람들이 견디지 못한다. 과단성 있는 용기는 좋지만, 그러나 학문의 뒷받침이 없다면 난동을 부리게 된다. 그리고 뜻이 굳센 것은 좋지만, 학문의 뒷받침이 없다면 옹고집이 되어 객관적 사리에 맞지 않는 광태를 부리게 된다. 요컨대 이와 같은 아름다운 천성들도 학문을 깊이 하여 선하고 악함과 옳고 그름을 알게 될 때, 비로소 아름다운 덕이 될 수 있는 것이다.

제3장

인

(仁)

1

〈제1편 學而〉

子曰 巧言令色 鮮矣仁.
자 왈 교언영색 선의인

공자께서 말씀하시기를
"듣기 좋게 꾸미는 말과 보기 좋게 꾸미는 낯빛에는 인(仁)이 드무니라."

【글자 뜻】 巧:공교할 교. 令:착할 영(명령 령). 鮮:드물 선(고울 선).
【말의 뜻】 巧言:듣기 좋게 꾸미는 말. 令色:보기 좋게 꾸미는 낯빛. 色은 안색, 표정. 鮮:드묾. 절대로 없음. 鮮矣仁:드물다, 仁은.
【문 법】 鮮矣仁:仁鮮矣의 뜻을 강조하기 위한 도치법. 矣는 종결조사.

【뜻 풀이】 '교언(巧言)' 은 마음에서 나오는 말이 아니다. 마음속으로는 엉뚱한 생각을 하면서도 상대방의 비위를 맞추기 위하여 듣기 좋게 꾸며대는 말이다. 영색(令色)은 마음이 반영된 표정이 아니다. 마음속으로는 그가 못마땅하면서도 겉으로 미소를 지어 상대방에게 호감을 주려는 낯빛이다. 이러한 말과 표정에는 절대로 인(仁)은 없는 법이다.

2

〈제7편 述而〉

子日 仁遠乎哉. 我欲仁 斯仁至矣.
자 왈 인 원 호 재 아 욕 인 사 인 지 의

공자께서 말씀하시기를

"인(仁)이 먼 데 있으랴? 내가 인(仁)을 바라기만 한다면, 곧 인(仁)은 오느니라."

【글자 뜻】 哉:어조사 재. 欲:하고자할 욕. 斯:이 사. 至:이를 지.

【말의 뜻】 ~乎哉: ~이랴. 欲仁:仁을 바람. 斯:이. 곧.

【문 법】 乎哉:감탄종결조사. 斯:부사. 則과 같음.

【뜻 풀이】 인(仁)은 공자의 중심 사상이다. 세상 사람들은 흔히 공자가 부르짖는 인의 도(道)를 높고 먼 데 있는 것으로 생각한다. 그러나 인은 어진 마음이며, 이것이 행동으로 나타나면 선(善)이 된다. 인은 곧 각자의 마음으로부터 우러나오는 것이니, 누구나 마음으로 인을 원하기만 한다면 인은 이미 그에게 와 있는 것이다.

3

〈제4편 里仁〉

子曰 里仁爲美. 擇不處仁 焉得知.
자 왈 이 인 위 미 택 불 처 인 언 득 지

공자께서 말씀하시기를

"마을 인심은 인(仁)한 것이 좋은 법이니, 가려서 인(仁)한 곳에 살지 않는다면 어찌 지혜롭다 할 수 있으랴!"

【글자 뜻】 里:마을 리. 擇:가릴 택. 處:처할 처(곳 처). 焉:어찌 언(어조사 언).

【말의 뜻】 里仁:마을 인심이 仁함. 爲美:아름다움이 됨. 좋은 것임. 處仁:仁한 곳에 삶. 焉得:어찌 ~할 수 있으랴!

【문 법】 處:동사. 焉:감탄의문부사. 得:能의 뜻.

【뜻 풀이】 사람은 환경의 영향을 많이 받게 마련이다. 특히 자라나는 어린이나 청소년들에게는 감화가 크다. 주변의 환경도 그렇지만, 교우관계도 중요하다. 맹자의 어머니가 어린 아들의 좋은 환경을 위하여 세 차례 이사했다는 삼천지교(三遷之敎)는 유명하다.

4

〈제4편 里仁〉

子曰 苟志於仁矣 無惡也.
자 왈 구 지 어 인 의 무 악 야

공자께서 말씀하시기를
"진실로 뜻을 인(仁)에 두기만 하면, 악함은 없어지느니라."

【글자 뜻】 苟:진실로 구. 志:뜻 지.

【말의 뜻】 志於仁:뜻을 仁에 둠. 無惡:악이 없어짐.

【문 법】 苟:부사(진실로, 만일). 志:동사. 志於仁:心在於仁의 뜻. 矣:종결조사. 無:동사. 也:종결조사.

【뜻 풀이】 마음은 행동의 주인이요 사람의 주인이다. 마음이 인(仁)하면 행동이 선하고, 마음이 불인(不仁)하면 행동 또한 악해지게 마련이다. 그러므로 뜻을 굳게 하여 인(仁)해지려고만 한다면, 악은 그에게서 멀리 사라지는 것이다.

5

〈제15편 衛靈公〉

子曰 知及之 仁不能守之 雖得之 必失之.
자 왈 지 급 지 인 불 능 수 지 수 득 지 필 실 지

공자께서 말씀하시기를

"지혜는 그 지위에 미칠지라도 인(仁)함이 능히 그것을 지킬 수 없다면, 비록 그 지위를 얻을지라도 반드시 이를 잃게 되느니라."

【글자 뜻】及:미칠 급. 能:능할 능. 守:지킬 수. 雖:비록 수.

【말의 뜻】知及之:지혜가 그 지위에 미침. 不能:~하지 못함.

【문　법】之:대명사. 여기의 네 之는 다 지위를 가리킴. 雖 · 必:부사.

【뜻 풀이】남의 윗자리에 서는 사람은 지혜만 가지고 되는 것이 아니다. 일은 명석한 지혜로써 처리하되, 아랫사람을 다스림에는 반드시 인애(仁愛)의 덕이 있어야 하는 것이다. 그리고 마음이 인(仁)하지 못하다면, 그의 지혜는 필연적으로 악으로 흐르고 마는 것이다.

6

〈제4편 里仁〉

子曰 惟仁者能好人 能惡人.
자 왈 유 인 자 능 호 인 능 오 인

공자께서 말씀하시기를

"오직 인자(仁者)만이 능히 남을 좋아할 수도 있으며, 능히 남을 미워할 수도 있느니라."

【글자 뜻】 惟:오직 유. 惡:미워할 오(악할 악).

【말의 뜻】 仁者:인의 덕을 지닌 사람. 惡人:남을 미워함.

【문　법】 惟:부사. 能:부사. 好·惡:동사.

【뜻 풀이】 세상 사람들은 흔히 자기에게 아첨하거나, 이득을 주거나, 나만 못한 사람들을 좋아하고, 바른 충고를 하거나, 이득을 주지 못하거나, 나보다 나은 사람들을 미워한다. 그러나 마음이 인(仁)으로 찬 인자(仁者)는 사람을 평가하는 기준이 공평무사(公平無私)하기 때문에, 능히 옳게 좋아하고 옳게 미워할 수 있는 것이다. 그가 좋아하고 미워함은 그 사람이 아니라 그 마음이나 행동이기 때문이다.

7

〈제15편 衛靈公〉

子曰 志士仁人 無求生以害仁 有殺身以成仁.
자 왈 지 사 인 인 무 구 생 이 해 인 유 살 신 이 성 인

공자께서 말씀하시기를

"뜻 있는 선비와 인(仁)한 사람은 살기를 도모하여 인(仁)을 해치는 일은 없고, 자기 몸을 죽여 인(仁)을 이루는 일은 있느니라."

【글자 뜻】 害:해할 해. 殺:죽일 살.

【말의 뜻】 志士:뜻을 정의에 두고 있는 선비. 仁人:仁의 덕을 지닌 사람. 求生:살기를 도모함. 害仁:仁을 해침. 殺身以成仁:자기 몸을 희생시켜서 仁을 이룸.

【문　법】 以:윗말을 받는 부사. 원인이나 이유를 나타냄.

【뜻 풀이】 사람이란 곤궁하고 위급한 때를 당하면 마음이 동요되어 불의를 저지르기 쉽다. 그러나 지조가 굳고 인(仁)을 존중하는 사람은 생명을 아껴 불의를 범하는 일은 없고, 오히려 정의를 위하여 목숨을 내놓는 일은 있다. 이것이 살신성인(殺身成仁)이다. 안중근(安重根) 의사나 정몽주(鄭夢周) 선생, 사육신(死六臣) 같은 이들은 모두 살신성인(殺身成仁)한 분들이다.

8

〈제15편 衛靈公〉

子貢問曰 有一言而可以終身行之者乎. 子曰 其恕
자 공 문 왈 유 일 언 이 가 이 종 신 행 지 자 호 자 왈 기 서
乎. 己所不欲 勿施於人.
호 기 소 불 욕 물 시 어 인

자공(子貢)이 여쭈어 보기를

"한 마디의 말로 평생토록 행할 만한 것이 있나이까?"

공자께서 말씀하시기를

"그것은 바로 '어짐' 일 것이다. 내가 원치 않는 일을 남에게도 베풀지 말아야 하느니라."

【글자 뜻】貢:바칠 공. 恕:어질 서(용서할 서). 勿:말 물. 施:베풀 시.

【말의 뜻】子貢:공자의 제자. 可以:~할 수 있음. 終身行之:평생토록 그것을 지키어 행함. 其~乎:그것은 바로 ~일 것이다. 恕:어짐. 용서함. 남을 나처럼 생각함. 己所不欲:자기가 바라지 않는 것. 勿施於人:남에게 베풀지 말라.

【문 법】而:접속사. 之:一言을 가리키는 대명사. 其:강조를 나타내는 대명사. 勿:금지사.

【뜻 풀이】서(恕)는 여심(如心)이니, 나를 미루어 남의 마음을 내 마음처럼 알아주는 어진 마음이다. 서(恕)는 곧 인(仁)과 통하는 공자의 중심 사상인 것이다. 공자 자신은 이 서의 뜻을 "내가 싫은 일이라면 남에게도 하지 말라."고 풀이하고 있다.

9

〈제8편 泰伯〉

曾子曰 士不可以不弘毅 任重而道遠. 仁以爲己任
증 자 왈 사 불 가 이 불 홍 의 임 중 이 도 원 인 이 위 기 임

不亦重乎. 死而後已 不亦遠乎.
불 역 중 호 사 이 후 이 불 역 원 호

증자(曾子)께서 말씀하시기를

"선비는 불가불 뜻이 크고 굳세야 하나니, 임무가 무겁고 길이 멀기 때문이다. 인으로써 자신의 임무로 삼고 있으니, 역시 무겁지 아니한가! 죽은 뒤에야 그만둘 것이니, 역시 멀지 아니한가!"

【글자 뜻】 曾:일찍 증. 弘:클 홍. 毅:굳셀 의. 任:맡길 임. 已:말 이(이미 이, 따름 이).

【말의 뜻】 曾子:공자의 제자. 이름은 삼(參). 효도로 이름이 높으며, 안회(顏回)와 더불어 공자의 수제자였음. 不可以不:~하지 않으면 안 됨. 不可不. 弘毅:뜻이 크고 굳셈. 爲:삼음. 己任:자기의 임무. 已:그침. 말다.

【문 법】 仁以爲己任:以仁爲己任의 仁을 강조하기 위하여 앞에 내놓았음. 己와 已를 주의할 것.

【뜻 풀이】 일생을 옳게 살려는 사람은 마치 무거운 짐을 지고 먼 길을 감과 같아서, 그 뜻이 크고 또 굳세어야 한다. 인(仁)에 살려고 뜻을 세웠으니 그 짐이 무겁고, 일생 동안 그 인을 지고 가자니 길은 더욱 먼 것이다.

10

〈제12편 顔淵〉

顔淵問仁. 子曰 克己復禮爲仁. 一日克己復禮 天
안 연 문 인 자 왈 극 기 복 례 위 인 일 일 극 기 복 례 천

下歸仁焉. 爲仁由己 而由人乎哉. 顔淵曰 請問其
하 귀 인 언 위 인 유 기 이 유 인 호 재 안 연 왈 청 문 기

目. 子曰 非禮勿視 非禮勿聽 非禮勿言 非禮勿動.
목 자 왈 비 례 물 시 비 례 물 청 비 례 물 언 비 례 물 동

안연(顔淵)이 인(仁)에 대하여 여쭈어 보자, 공자께서 말씀하시기를

"자신을 극복하고 예로 돌아감이 인(仁)이니라. 하루 동안만 자신을 극복하고 예로 돌아가면, 천하가 인(仁)으로 돌아가게 되느니라. 인(仁)을 이룸이 자기에게 달려 있는 것이니, 어찌 남에게 말미암은 것이겠는가!"

안연이 말하기를

"그 조목을 말씀해 주시기 바라나이다."

공자께서 말씀하시기를

"예가 아닌 것을 보지 말며, 예가 아닌 것을 듣지 말며, 예가 아닌 것을 말하지 말며, 예가 아닌 것을 행동하지 말아야 하느니라."

【글자 뜻】 顔:얼굴 안. 淵:못 연. 克:이길 극. 復:돌아갈 복(회복할 복, 다시 부). 由:말미암을 유. 請:청할 청. 視:볼 시. 聽:들을 청.

【말의 뜻】 顔淵:공자의 제자. 이름은 回. 공자의 3천 제자 가운데서 가장 학문과 덕행이 뛰어나 공자는 그를 후계자로 삼으려 했으나 불행히 일찍 죽음. 克己復禮:자기를 이기고 예로 돌아감. 사욕을 극복하고 옳은 도리에 따라 실천함. 爲仁:仁이 됨. 뒤의 爲仁은 仁을 이룸. 由己:자신에게 달려 있음. 目:세목(細目). 조목.

【문　법】 而:접속사. 乎哉:감탄종결조사.

【뜻 풀이】 공자의 교육법은 제자들이 똑같은 질문을 하여도 상대방에 따라 각각 그에게 알맞은 다른 말씀으로 대답하고 있다. 여기에서는 상대가 가장 학문과 덕행이 높은 제자인 안회(顔回)이니, 인(仁)의 본질을 가장 차원(次元)이 높게, 예와 결부시켜 해명한 것이라 보겠다. 유교에서는 예를 몹시 존중하고 있거니와, 본래 예란 사람의 행동을 올바르게 하기 위한 도덕의 규범(規範)인 것이다.

사람의 본성은 원래 선한 것이지만, 차차 자람에 따라 개성과 욕심이 생겨나, 그 사사로운 감정과 욕심의 지배를 받게 되는 것이다. 그러므로 인(仁)을 이루려면 무엇보다도 후천적으로 생겨난 개인적인 감정과 사사로운 욕심을 극복하여 공명정대(公明正大)하고 공평무사(公平無私)한 본성을 되찾아야 한다. 이것이 '극기(克己)', 즉 자기를 극복하는 것이다. 마음가짐을 이와 같이 한 다음, 모든 언어와 행동을 본래 사람의 올바른 도리인 예에 맞게 하여야 한다. 이것이 '복례(復禮)', 즉 예로 돌아간 것이다. 그러므로 만일 나라의 임금이 단 하루라도 이 '극기복례(克己復禮)'를 한다면, 온 천하의 민심은 곧 인(仁)을 따라 그에게로 몰리게 되는 것이다. 이와 같은 인을 행하는 것은 모두가 자기 자신이 노력해야 하는 것이지 남이 이루어 주는 것은 아니다.

도리에 맞지 않는 것은 보지 말고, 듣지 말고, 말하지 말고, 행하지 않는 것, 이것이 바로 인으로 나아가는 길인 것이다.

제4장

효·제·충·신
(孝悌忠信)

1

〈제4편 里仁〉

子曰 父母之年 不可不知也. 一則以喜 一則以懼.
자 왈 부 모 지 년 불 가 부 지 야 일 즉 이 희 일 즉 이 구

공자께서 말씀하시기를

"부모의 연세는 꼭 알고 있어야 하나니, 한편으로는 기쁘고, 한편으로는 두렵기 때문이니라."

【글자 뜻】 懼:두려울 구.

【말의 뜻】 不可不:~하지 않으면 안 됨. 꼭 해야 함. 一則:하나는. 한편으로는. 以喜:기쁘기 때문임.

【문 법】 不~不:이중부정. 강조법의 하나. 不可不은 불가불, 不可不知는 불가부지라 읽음.

【뜻 풀이】 효도는 모든 도리 가운데 근본이니, 부모를 위하려는 생각이 잠시도 마음에서 떠나서는 안 되는 것이다. 부모의 연세가 많아지면 자손은 한편 기쁘고 한편 두려워진다. 오래 사시는 것을 생각하면 기쁘고 여생이 얼마 남지 않은 것을 생각하면 두렵고 슬퍼지는 것이다.

2

〈제4편 里仁〉

子曰 三年無改於父之道 可謂孝矣.
자 왈 삼 년 무 개 어 부 지 도 가 위 효 의

공자께서 말씀하시기를
"삼 년 동안 아버지의 방법을 고침이 없어야 효(孝)라 할 수 있느니라."

【글자 뜻】 改:고칠 개. 謂:이를 위.

【말의 뜻】 父之道:아버지의 방법. 可謂:~라 할 수 있음.

【문　법】 於:전치사. 之:소유격 조사.

【뜻 풀이】 삼 년이란, 아버지가 돌아가시고 나서 삼 년 동안을 말한다. 아버지의 유습(遺習)은 되도록 고치지 말고 지켜 나가는 것이 부모의 뜻을 받드는 길이다. 더구나 삼년상 동안은 살아 계신 것과 마찬가지로 받드는 것이 예이니, 적어도 삼 년 동안에는 아버지가 남긴 모든 일을 아버지가 행하듯이 하나도 고치지 말아야, 비로소 효(孝)라 할 수 있는 것이다.

3

〈제4편 里仁〉

子曰 父母在 不遠遊 遊必有方.
자 왈 부 모 재 불 원 유 유 필 유 방

공자께서 말씀하시기를

"부모가 살아 계시면 멀리 나다니지 말아야 하며, 나가게 되거든 반드시 장소를 정해 두어야 하느니라."

【글자 뜻】 遊:놀 유. 方:방위 방(모 방).

【말의 뜻】 在:생존해 있음. 遠遊:멀리 나다님. 有方:장소를 정해 둠.

【뜻 풀이】 부모에 대한 효도는 무엇보다도 근심과 걱정을 끼쳐 드리지 않고 마음을 편하게 해 드리는 데 있다. 부모의 마음이란 자식이 아무리 장성해도 항상 어린아이 때처럼 느껴져 마음이 자식에게서 떠날 때가 없는 법이다. 잠시를 나갔다 오더라도 반드시 미리 말씀드려야 하고, 그 가는 곳과 만나는 사람까지 자세히 말씀드려 불안한 생각이 없게 해 드리고, 돌아오면 또 자세히 말씀드려 궁금하신 일이 없게 해 드려야 하는 것이다.

4

〈제4편 里仁〉

子曰 事父母幾諫. 見志不從 又敬不違 勞而不怨.
자 왈 사 부 모 기 간 견 지 부 종 우 경 불 위 노 이 불 원

공자께서 말씀하시기를

"부모를 섬길 때에는(잘못하심이 있거든) 부드럽게 간해야 하나니, 만일 부모의 뜻이 간함에 따르지 아니하시거든 더욱 공경하여 부모의 뜻을 어기지 말아야 하며, 괴로울지라도 참고 원망하지 말아야 하느니라."

【글자 뜻】 事:섬길 사(일 사). 幾:거의 기(몇 기). 諫:간할 간. 違:어길 위. 勞:괴로워할 로(수고할 로). 怨:원망할 원.

【말의 뜻】 幾諫:부드럽게 간함. 見志不從:부모의 뜻이 자기 말에 따르지 않음을 봄. 又敬:더욱 공경함. 不違:어기지 않음. 勞而不怨:괴로워도 참고 원망하지 않음.

【뜻 풀이】 부모의 잘못을 간하는 도리이다. 부모도 사람인 만큼 때로는 잘못을 범할 수도 있고, 또 때로는 자녀들에게 억지 꾸중을 하실 때도 있다. 이때 자녀들이 어떻게 섬겨야 하느냐가 큰 문제다. 자칫하면 부모와 맞서 잘잘못을 따지게 되기가 쉽다. 이렇게 되면 가장 가까워야 할 부모와 자녀 사이에 갈등과 간격이 생기게 된다. 그러고는 편한 대로 구세대와 젊은 세대 사이의 사고 방식(思考方式)의 차이라 말하며, 부모를 낡은 시대의 유물처럼 한팔 젖혀놓으려 하기가 일쑤다. 이렇게 되면 부모들은 유일한 희망이요 사랑의 대상이었던 자식들에게 배신을 당한 느낌마저 들어, 인생의 삭막함과 고독을 되씹기 시작하게

되는 것이다.

젊은이들이여, 한번 그대들이 몇십 년 뒤에 이렇게 소외(疎外)된 처지에 놓였다고 가정해 보라!

그러기에 효(孝)는 덕의 근본이요, 인(仁)의 근본이요, 인간의 모든 행동의 시발점(始發點)인 동시에 그 귀착점(歸着點)인 것이다. 설사 부모가 잘못하는 점이 있을지라도 부드러운 낯빛과 낮은 말소리로 간곡히 간하여 보라. 더구나 요즈음 부모들은 곧 자신의 잘못을 깨닫고 이를 바로잡을 것이다. 그리고 자녀에 대한 사랑과 신뢰감(信賴感)은 더욱 두터워질 것이다. 설사 부모가 간하는 말에 선뜻 따르지 않을지라도 참고 물러나야 한다. 그리고 얼마 동안의 시간이 흐른 다음, 다시 먼저와 같이 부드럽게 간하여 보라. 극진한 효성 앞에는 부모의 고집은 오래 가지 못하는 법이다. 부모 앞에서 낯빛을 붉히거나, 더구나 남에게 드러내어 부모의 잘못을 말해서는 안 된다. 혼자 속으로 애태울지언정 부모를 원망해서는 안 되는 것이다. 그대들에게 가장 위대한 사람은 역시 그대들의 부모인 것이다.

5

〈제2편 爲政〉

子游問孝. 子曰 今之孝者 是謂能養. 至於犬馬
자유문효 자왈 금지효자 시위능양 지어견마
皆能有養. 不敬何以別乎.
개능유양 불경하이별호

자유(子游)가 효도에 대하여 여쭈어 보자, 공자께서 말씀하시기를

"오늘날의 효도란 곧 부모를 잘 먹이는 것을 이르거니와, 개나 말에 이르러서도 다 사람의 기름을 받고 있으니, 만일 공경하는 마음이 없다면 무엇이 다를 게 있으랴!"

【글자 뜻】 游:헤엄칠 유. 養:기를 양. 別:다를 별(이별 별).

【말의 뜻】 子游:공자의 제자. 공자보다 45세 아래이며, 子夏와 아울러 학문에 뛰어났음. 孝者:효란 것. 能養:잘 기름. 물질적으로 잘 봉양함. 至於:~에 이르러서도. 能有養:잘 길러지고 있음. 何以別乎:무엇이 다르랴!

【문 법】 者:명사형 조사. 於:전치사. 何以~乎:강조를 나타낸 반어법.

【뜻 풀이】 부모를 잘 먹이고 잘 입히기만 한다고 효도라 할 수는 없다. 개나 말도 잘 먹이는 사람이 있으니, 그 먹이는 데 공경하는 마음이 없다면 부모를 봉양함과 짐승을 먹여 기르는 것과 무슨 다름이 있으랴! 효도란 물질에 있는 것이 아니라 마음에 있는 것이다.

6

〈제1편 學而〉

子曰 弟子入則孝 出則弟 謹而信. 汎愛衆而親仁.
자 왈 제 자 입 즉 효 출 즉 제 근 이 신 범 애 중 이 친 인

行有餘力 則以學文.
행 유 여 력 즉 이 학 문

공자께서 말씀하시기를

"젊은이들은 집에 들어가서는 부모에게 효도하고, 밖에 나가면 어른을 공경하며, 삼가고 신의가 있어야 하며, 널리 모든 사람을 사랑하되, 더욱이 인자(仁者)를 가까이해야 하나니, 이를 행하고 힘이 남거든 글을 배울지니라."

【글자 뜻】 弟:공손할 제. 悌와 같음. 謹:삼갈 근. 汎:넓을 범. 衆:무리 중.

【말의 뜻】 弟子:동생과 아들. 자제. 연소자. 入則孝:집에 들면 부모에게 효도함. 出則弟:밖에 나가면 어른께 공손함. 謹而信:언행을 삼가고 신의를 지킴. 汎愛衆:널리 여러 사람들을 사랑함. 親仁:인자를 가까이함. 餘力:나머지 힘. 여가. 學文:글을 배움.

【문 법】 汎:부사. 而:접속사. 則以:則은 접속부사. 以는 윗말을 받는 부사로, 餘力을 이용하여의 뜻.

【뜻 풀이】 사람에게 무엇보다도 중요한 것은 사람답게 처신하는 일인, '효(孝)·제(悌)·충(忠)·신(信)'이 바로 그것이다. 효란 내 부모를 효도로 섬김이요, 제란 남의 부모를 존경함이며, 충이란 마음이 진실됨이요, 신이란 행동에 신의가 있음이다.

여기에서 말하고 있는 '入則孝 出則弟' 란 곧 효제(孝悌)를 말함이니, 집에서 부모에게 효성이 있는 사람이라면 밖에 나가서도 어른들에게 공손함을 잃지 않게 마련인 것이다. 또 여기에서 말하는 '謹而信' 이란 곧 충신(忠信)이니, 스스로의 마음을 진실되게 지니고 언행을 삼간다면 절로 신의를 잃지 않게 마련이다.

그리고 이와 같은 '효(孝) · 제(悌) · 충(忠) · 신(信)' 을 철저히 실천하여 '汎愛衆', 즉 국가와 민족과 모든 인류를 사랑하는 데에까지 발전시켜야 하는 것이다. 그러나 가까이 사귀고 접촉하는 사람이라면 모름지기 인(仁)한 사람을 가려서 스스로의 인(仁)을 키워나가기에 힘써야 하는 것이다.

이상 말한 것이 곧 사람답게 처신하는 길인 것이다. 비록 배움이 없는 사람일지라도 능히 스스로의 마음과 행실을 이처럼 지킬 수 있다면, 인생을 참되게 살아가는 훌륭한 사람이라 할 수 있다. 또 따지고 본다면 배움이란 것도 이와 같은 훌륭한 사람이 되기 위하여 필요한 것이다. 물론 배워서 안다는 것은 세상을 살아가는 힘이 된다. 그러나 그 바탕이 사람답지 못하다면 배움이 무엇에 필요하랴. 오히려 아는 것이 많으면 많을수록 해악(害惡)의 씨앗이 될 뿐이다. 이 글에서는 우선 사람다운 행동을 실천해 가면서 나머지 힘으로 학문을 배우라고 한 것이다.

7

〈제1편 學而〉

子夏曰 賢賢易色 事父母能竭其力 事君能致其身
자 하 왈　현 현 역 색　사 부 모 능 갈 기 력　사 군 능 치 기 신
與朋友交 言而有信 雖曰未學 吾必謂之學矣.
여 붕 우 교　언 이 유 신　수 왈 미 학　오 필 위 지 학 의

자하(子夏)가 말하기를

"현자(賢者)를 존경하여 받들되 여색 좋아하듯 하며, 부모를 섬기되 능히 자기의 힘을 다하며, 임금을 섬기되 능히 자기의 몸을 바치며, 벗과 사귀되 말에 신의가 있다면, 비록 (세상 사람들은 그를 일러) 배우지 않았다 말할지라도 나는 반드시 그를 배운 사람이라고 말하리라."

【글자 뜻】 賢:어질 현. 어질게 여길 현. 易:바꿀 역(쉬울 이). 竭:다할 갈. 致:다할 치. 이룰 치. 與:더불 여. 雖:비록 수.

【말의 뜻】 賢賢:현자를 현자로 받듦. 易色:여색과 바꿈. 미인 좋아하듯 함. 致其身:자기의 몸을 다함(바침). 言而有信:말함에 신의가 있음. 雖曰未學:비록 배우지 않았다고 (사람들이) 말함.

【문　법】 賢賢:앞의 賢은 동사, 뒤의 賢은 명사. 與:전치사. 而:접속사(~하여서). 雖:부사. 曰:동사. 之:대명사.

【뜻 풀이】 덕이 높은 현자(賢者) 좋아하기를 미인 좋아하듯 하고, 마음을 다하여 힘껏 부모를 섬기고, 몸을 바쳐 임금을 섬기고(나라를 사랑하고), 그의 말이라면 친구들이 다 믿어 주는 이런 덕행을 지닌 사람이라면, 비록 배운 것이 없어 세상 사람들은 그를 무식하다고 말할지라도 나는 그를 배운 사람이라고 말하겠다.

8

〈제16편 李氏〉

孔子曰 益者三友 損者三友. 友直 友諒 友多聞 益矣. 友便辟 友善柔, 友便佞 損矣.
공자왈 익자삼우 손자삼우 우직 우량 우다문 익의 우편벽 우선유 우편녕 손의

공자께서 말씀하시기를

"유익한 벗이 셋 있고, 해로운 벗이 셋 있다. 정직한 사람을 벗하며, 성실한 사람을 벗하며, 지식이 많은 사람을 벗하면 유익하고, 아첨하는 사람을 벗하며, 굽실거리는 사람을 벗하며, 말을 잘 둘러대는 사람을 벗하면 해로우니라."

【글자 뜻】 直:곧을 직. 諒:진실할 량(헤아릴 량). 便:편들 편(편할 편). 辟:편벽될 벽(비유할 비). 柔:부드러울 유. 佞:말재주 녕.

【말의 뜻】 益者:유익한 것. 友諒:성실한 사람을 벗함. 多聞:見聞이 많음. 便辟:간사하여 아첨을 잘함. 便은 상대방이 좋아하는 것을 좋아하는 체함이요, 辟은 상대방이 싫어하는 것을 피함의 뜻. 善柔:겉으로 부드럽게 꾸며 굽실거리기 잘함. 便佞:말을 잘 둘러대어 아첨함.

【뜻 풀이】 교우 관계는 그 사람의 일생을 좌우한다. 그러므로 좋은 벗을 가리어 사귈 필요가 있는 것이다. 일생 동안 신의를 변치 않고 사귈 수 있는 벗을 얻는다는 것은 큰 보물을 얻기보다도 더 어려운 일이다. 정직한 벗이 있어야 내 잘못을 충고해 주고, 꾸밈이 없는 진실한 벗은 내 덕을 길러 주며, 학문이 많은 벗은 내 어둠을 깨우쳐 주니, 이와 같은 벗은 유익한 벗들이다. 그러나 겉으로는 예의바른 체하면서도 간

사하여 비위를 잘 맞추는 사람, 지나치게 굽실거리기를 좋아하여 성실성이 없는 사람, 말로는 잘 둘러대되 깊은 지식이 없고 실천이 뒤따르지 못하는 사람, 이런 사람들을 벗으로 사귄다면 한때 기분은 좋을지 모르지만 나에게 손해밖에 돌아올 것이 없다.

9

〈제12편 顔淵〉

子貢問友. 子曰 忠告而善道之. 不可則止. 無自辱焉.
자공문우 자왈 충고이선도지 불가즉지 무자욕언

자공(子貢)이 벗(사귀는 법)에 대하여 여쭈어 보자, 공자께서 말씀하시기를

"성실하게 잘못을 일러 그를 잘 이끌어 주되, 되지 않거든 그만두어 자신에게 욕됨이 없게 해야 하느니라."

【글자 뜻】 貢:바칠 공. 告:고할 고(곡). 道:인도할 도(길 도). 辱:욕될 욕.
【말의 뜻】 忠告:충고함. 성실하게 일러 줌. 善道:잘 이끌어 줌. 道는 導와 같음. 善導. 不可:되지 않음. 自辱:스스로 욕됨. 자신에게 욕됨.
【문 법】 之대명사. 벗을 가리킴.

【뜻 풀이】 친구의 잘못을 보고도 모르는 체 버려 둔다면 이는 우정이 아니다. 친구의 잘못은 마음에서 우러나오는 성의를 다해 충고하여 바른길로 이끌어 줌이 우도(友道)이다. 따뜻한 우정에서 나오는 간곡한 충고는 부모의 훈계보다도 더 큰 위력을 지니고 있는 것이다. 그러나 이 경우 너무 조급하게 굴거나 강하게 나와서는 안 된다. 또 충고가 잦아서는 위력이 없다. 한 번에 안 되거든 시간적 여유를 두었다가 좋은 기회에 다시 충고하는 것이 원칙이다. 이렇게 세 번쯤 충고해도 듣지 않는다면 그는 이미 벗이 아닌 것이다. 우정을 끊어 내 몸에 욕됨이 없게 해야 하는 것이다.

10

〈제12편 顔淵〉

曾子曰 君子以文會友 以友輔仁.
증 자 왈 군 자 이 문 회 우 이 우 보 인

증자(曾子)께서 말씀하시기를
"군자는 학문으로써 벗을 모으고, 벗으로써 인(仁)을 향상시키느니라."

【글자 뜻】 會:모을 회(모일 회). 輔:도울 보.
【말의 뜻】 會友:벗을 모음. 輔仁:仁을 도와 향상시킴.
【문　법】 以:전치사.

【뜻 풀이】 사람은 평생을 사노라면 벗을 사귈 기회가 많다. 그러나 같은 학교, 같은 스승 밑에서 함께 공부하는 학창 시대인 만큼 훌륭한 일생의 벗을 사귈 수 있는 좋은 기회는 없다. 이 젊은 시절에 좋은 벗을 많이 만들어, 그들의 장점을 본받고 충고를 받아들여 자신의 인격을 향상시켜야 할 것이다.

11

〈제15편 衛靈公〉

子曰 道不同 不相爲謀.
자 왈 도 부 동 불 상 위 모

공자께서 말씀하셨다.

"길이 같지 않으면 서로 일을 계획하지 말아야 하느니라."

【글자 뜻】 謀:꾀할 모.

【말의 뜻】 道:길. 뜻하는 목적. 不同:(부동)같지 않음. 謀:일을 도모함.

【뜻 풀이】 목표가 다르고 방법이 다른 사람과는 함께 일을 도모하거나 의논할 일이 못 된다. 악한 사람이나 소인(小人)과 함께 일을 하다가는 일을 이루지 못할 뿐 아니라 욕을 당하게 되기 때문이다.

12

〈제1편 學而〉

子曰 君子不重則不威 學則不固. 主忠信 無友不如己者 過則勿憚改.
자왈 군자부중즉불위 학즉불고 주충신 무우불여기자 과즉물탄개

공자께서 말씀하시기를

"군자는 무겁지 아니하면 위엄이 없는 법이니, 배워도 튼튼하지 못하니라. 성실과 신의를 주로 삼고, 나만 못한 사람을 사귀지 말아야 하고, 잘못이 있거든 꺼리지 말고 고쳐야 하느니라."

【글자 뜻】 威:위엄 위. 固:굳을 고. 過:허물 과(지날 과). 勿:말 물. 憚:꺼릴 탄. 改:고칠 개.

【말의 뜻】 不重:(부중)무겁지 아니함. 무게가 없음. 不威:위엄이 없음. 學則不固:배워도 견고하지 못함. 忠信:성실과 신의. 無友:벗으로 사귀지 말라. 不如己者:나만 못한 사람. 勿憚改:꺼리지 말고 고치라.

【문 법】 則:접속사(~하여도). 無·勿:금지사. 友:동사.

【뜻 풀이】 사람은 무게가 있어야 한다. 언행이 경솔하면 인간의 위엄도 없게 마련이다. 이와 같이 근본적인 토대가 마련되지 못한 사람이라면 아무리 학문을 쌓아올려도 사상누각(砂上樓閣)과 같다. 사람은 학문에 앞서 그 토대인 덕행을 몸에 붙여야 하는 것이다. 덕행을 닦아 스스로를 무게 있게 하려면 다음과 같은 세 가지를 실천해야 한다.

- **主忠信** — 성실과 신의를 신조(信條)로 삼아라. '충(忠)'이란 마음이

진실하여 조금의 꾸밈이나 거짓이 없음이요, '신(信)' 이란 언어와 행동이 올바르기 때문에 신의가 있음이니, 마음과 언어와 행동이 일치될 때 인격은 이루어지는 것이다.

- **無友不如己者** — 나만 못한 사람을 사귀지 말라. 학문과 덕이 나보다 나은 사람을 벗으로 사귀면 자연히 그를 본받아 훌륭해지고, 소인이나 악한 사람을 벗으로 사귀면 자연히 자신도 악에 물들게 된다.
- **過則勿憚改** — 잘못은 기탄없이 고쳐라. 사람은 누구나 잘못을 저지르게 마련이다. 문제는 그 뒤처리이다. 그 잘못을 깨닫는 순간 주저없이 이를 바로잡는다면, 그는 이 잘못으로 인하여 더욱 올바르게 된 자신의 모습을 볼 수 있을 것이다.

제5장

언어와 행동

(言語·行動)

1

〈제4편 里仁〉

子曰 君子欲訥於言 而敏於行.
자 왈 군 자 욕 눌 어 언 이 민 어 행

공자께서 말씀하시기를
"군자는 말에는 더디고자 하고, 행함에는 빠르고자 하느니라."

【글자 뜻】 欲:하고자할 욕. 訥:말더듬을 눌. 敏:민첩할 민.
【말의 뜻】 欲:~하고자 함. 訥於言:말에 더딤. 敏於行:행함에 민첩함.
【문 법】 欲:敏於行에도 걸림. 於:전치사. 而:접속사.

【뜻 풀이】 사람은 언어와 행동을 떠나서는 하루도 생활할 수 없다. 말은 생각을 표현하는 수단이며, 행동은 그 생각의 실천이다. 그 말과 행동이 올바르려면 먼저 그 생각이 진실되어야 하거니와, 진실된 생각이란 올바른 마음에서 우러나오게 마련이다. 올바른 마음과 올바른 말과 올바른 행동이 일치될 때, 비로소 덕행이 되는 것이다. 그러나 사람의 혀란 원래 날름거리기를 좋아하며, 사람의 몸뚱이란 원래 편안하고 게으름을 좋아한다. 사람이 항상 스스로 말을 통제하여 말이 행동보다 앞서지 않도록 삼가는 한편, 몸에 채찍질하여 선행(善行)에 힘쓰도록 함으로써 실천이 말보다 앞서도록 해야 하는 것이다. 말은 더딜수록 좋고 좋은 행동은 빠를수록 좋은 것이다.

2

〈제14편 憲問〉

子曰 君子恥其言而過其行.
자 왈 군 자 치 기 언 이 과 기 행

공자께서 말씀하시기를
"군자는 자기의 말이 행함보다 지나침을 부끄러이 여기느니라."

【글자 뜻】 恥:부끄러워할 치. 過:지날 과.

【말의 뜻】 恥其言:자기의 말을 부끄러워함. 過其行:자기의 행동을 지나치게 함. 恥其言而過其行은 결국 자기의 말이 실천보다 지나침을 부끄러워함의 뜻.

【뜻 풀이】 말하기는 쉽지만 그대로 실천하기는 어려운 법이다. 사람들은 흔히 말이 행동보다 앞서 신의를 잃게 되지만, 지각 있는 사람은 행동을 말보다 앞서게 하여 스스로의 말에 스스로가 책임을 지는 것이다.

3

〈제4편 里仁〉

子曰 古者言之不出 恥躬之不逮也.
자 왈 고 자 언 지 불 출 치 궁 지 불 태 야

공자께서 말씀하시기를

"옛사람들이 말을 잘 하지 않았음은 행함이 미치지 못함을 부끄러이 여겼기 때문이니라."

【글자 뜻】 躬:몸 궁. 몸소할 궁. 逮:미칠 태(잡을 체).

【말의 뜻】 古者:옛사람. 옛 君子. 言之不出:말을 입 밖에 내지 않음. 躬之不逮:실천함이 말에 미치지 못함.

【문 법】 言之不出:不出言의 도치법. 之는 목적어 言이 동사 위로 올라갔기 때문에 붙는 조사. 之:주격 조사.

【뜻 풀이】 이 글은 언행일치에 대한 교훈이다. 말로만 호언장담(豪言壯談)하고 행동이 뒤따르지 못하는 세속을 한탄한 뜻이 엿보인다.

4

〈제2편 爲政〉

子貢問君子. 子曰 先行其言 而後從之.
자 공 문 군 자 자 왈 선 행 기 언 이 후 종 지

자공(子貢)이 군자에 대하여 여쭈어 보자, 공자께서 말씀하시기를 "자기의 말할 것을 먼저 행하고 난 뒤에 말해야 하느니라."

【글자 뜻】 從:좇을 종.

【말의 뜻】 先行其言:그 말할 것을 먼저 행함. 而後從之:그리고 나서 말이 행동을 뒤따름.

【문 법】 其:대명사. 而:접속사. 之:대명사.

【뜻 풀이】 앞의 글들과 비슷한 뜻이다. 특히 자공(子貢)은 언어에 능한 제자였다. 그러므로 실천이 앞서고 말이 뒤따라야 한다고 훈계한 말씀이다.

5

〈제15편 衛靈公〉

子曰 可與言而不與之言 失人. 不可與言而與之言
자 왈 가 여 언 이 불 여 지 언 실 인 불 가 여 언 이 여 지 언

失言. 知者不失人 亦不失言.
실 언 지 자 불 실 인 역 불 실 언

공자께서 말씀하시기를

"함께 말할 만한 사람인데도 그와 말하지 않는다면 사람을 잃고, 함께 말해서는 안 될 사람인데도 그와 말한다면 말을 잃게 되거니와, 지혜 있는 사람은 사람도 잃지 않으며 말도 잃지 않느니라."

【글자 뜻】 與:더불어 여. 失:잃을 실. 亦:또 역.

【말의 뜻】 可與言:함께 말할 만한 사람. 與之言:그와 더불어 말함. 不可:~해서는 안 됨. 失言:말을 잃음. 헛말을 함.

【문 법】 與:전치사. 而:접속사(~한데도). 之:대명사.

【뜻 풀이】 말은 함부로 할 것이 못 된다. 그러나 꼭 필요한 때에 하는 대화는 인생을 넓혀 주고 생활을 부드럽게 해 준다. 사람이 사람을 얻는다는 것은 우리 인생에서 얼마나 중요한 일인가! 진정한 벗과 훌륭한 스승, 훌륭한 윗사람과 성실한 아랫사람, 그리고 어진 배우자를 얻고 못 얻음은 그 사람의 일생을 좌우하는 계기가 되는 것이다. 그러므로 기회가 있으면 대화를 나누고 사귀어 사람을 얻기에 힘써야 한다. 그렇다고 마음이 악하고 행실이 천한 사람과 함부로 말하고 사귀면 내 언행을 잃을 뿐이다. 그러므로 적절한 대화로 사람을 잃지 말고, 말을 삼가 말을 잃지 않도록 하는 것이 슬기로운 사람의 처세술이라 하겠다.

6

〈제4편 里仁〉

子曰 以約失之者 鮮矣.
자 왈 이 약 실 지 자 선 의

공자께서 말씀하시기를
"단속하고서도 실패하는 일은 드무니라."

【글자 뜻】 約:조를 약(줄일 약, 약속 약). 鮮:드물 선.

【말의 뜻】 以約失之:단속하지만 실패함.

【문　법】 以:전치사. 之:대명사. 者:명사를 나타내는 조사.

【뜻 풀이】 모든 일은 미리 단속하고 항상 조심해야 한다. 덤벙대다 보면 실수를 저지르게 마련이다. 이 글은 특히 언행을 삼갈 것을 강조한 말씀이다. 말을 삼가지 않으면 실천이 뒤따르지 못할 뿐 아니라 온갖 화근을 불러들이게 되고, 행동을 단속하지 않으면 온갖 불의를 저지르게 된다.

7

〈제15편 衛靈公〉

子張問行. 子日 言忠信 行篤敬 雖蠻貊之邦行矣.
자 장 문 행 자 왈 언 충 신 행 독 경 수 만 맥 지 방 행 의

言不忠信 行不篤敬 雖州里行乎哉.
언 불 충 신 행 불 독 경 수 주 리 행 호 재

자장(子張)이 살아가는 데 통하는 길을 여쭈어 보자, 공자께서 말씀하시기를

"말이 성실하고 신의가 있으며, 행동이 두텁고 공손하면, 비록 오랑캐 나라에서라도 통할 수 있지만, 말이 성실치 못하고 신의가 없으며, 행동이 두텁지 못하고 공손하지 못하다면, 비록 고향이라 할지라도 통할 수 있으랴!"

【글자 뜻】 篤:도타울 독. 蠻:오랑캐 만. 貊:오랑캐 맥. 邦:나라 방. 州:고을 주.

【말의 뜻】 子張:공자의 제자. 行:통함. 세상에 뜻이 통함. 忠信:성실과 신의. 篤敬:두텁고 공손함. 蠻貊之邦:오랑캐의 나라. 미개 민족의 나라. 州里:자기 고향.

【문　법】 行乎哉:뜻을 강조하는 반어형.

【뜻 풀이】 말이 진심에서 나와 누구에게나 미더움을 주고, 행동이 무게 있고 공손하여 조금도 경솔하거나 간사함이 없다면, 어느 시대 어느 사회에서나 살아갈 수 있다. 그러나 말이 거짓되어 미더움이 없고, 행동이 경솔하고 교만하면 자기 마을에서조차도 통하지 않을 것이다.

사람은 말과 행동으로 세상을 살아간다. 언충신 행독경(言忠信 行篤敬)! 말은 진실하고 신의 있게! 행동은 무겁고 공손하게!

제6장
군 자
(君子)

1

〈제13편 子路〉

子曰 君子和而不同 小人同而不和.
자 왈 군 자 화 이 부 동 소 인 동 이 불 화

공자께서 말씀하시기를

"군자는 화합하여 부화뇌동하지 않고, 소인은 부화뇌동하여 화합하지 못하느니라."

【글자 뜻】 和:화합할 화. 同:함께할 동(한가지 동).

【말의 뜻】 和:화합함. 잘 어울림. 同:부동(附同)함. 부화뇌동(附和雷同)함.

【문　법】 而:접속사(~하되, ~하여). 不同:부동이라 읽음.

【뜻 풀이】 군자란 학문과 덕행을 갖춘 인격이 수양된 사람이다. 군자는 정의를 존중하지만, 소인은 눈앞의 이득만을 추구한다. 대인 관계에서도, 군자는 자신의 개성과 주관(主觀)을 살려 가면서 잘 조화를 이루지만, 소인은 주관도 없이 이득을 따라 이리저리 덩달아 행동하므로 여러 사람과 고루 어울리지 못하는 것이다.

2

〈제2편 爲政〉

子曰 君子周而不比 小人比而不周.
자 왈 군 자 주 이 불 비 소 인 비 이 부 주

공자께서 말씀하시기를

"군자는 두루 사귀어 치우치지 않고, 소인은 한쪽으로 치우쳐 두루 사귀지 못하느니라."

【글자 뜻】 周:두루미칠 주(두루 주, 돌 주). 比:치우칠 비(견줄 비).

【말의 뜻】 周:두루 사귀어 공평무사함. 比:한쪽으로 치우쳐 편파적임.

【문　법】 周 · 比:둘 다 동사.

【뜻 풀이】 군자는 정의에 따라 행동하므로 누구와도 공평무사(公平無私)하게 어울린다. 그러나 소인은 사리사욕을 따라 행동하므로 대인 관계에서도 언제나 편파적이다.

3

〈제12편 顔淵〉

子曰 君子成人之美 不成人之惡 小人反是.
자왈 군자성인지미 불성인지악 소인반시

공자께서 말씀하시기를

"군자는 남의 좋은 점을 이루어지게 해 주고 남의 악한 점을 이루어지지 못하게 하거니와, 소인은 이와 반대이니라."

【글자 뜻】 反:뒤집을 반. 돌이킬 반. 是:이 시.

【말의 뜻】 成人之美:남의 아름다운 점을 이루어 줌. 不成:이루어지지 못하게 함. 反是:이에 반대됨.

【문 법】 之:소유격 조사. 是:대명사.

【뜻 풀이】 군자는 선을 좋아하고 악을 미워한다. 남의 선한 것을 보면 이를 권장하고 도와 덕을 이루게 해 준다. 소인은 사리사욕에 얽매여 있기 때문에 나보다 나은 사람을 헐뜯고, 남의 악함을 조장시켜 더욱 악하게 만든다. 세상 사람들은 흔히 본인 앞에서 좋게 말하고 돌아서서 욕을 한다. 남의 단점은 다른 사람 앞에서 공개하거나 욕할 것이 아니라 본인에게 충고하여 선으로 이끌어 주어야 하는 것이다.

4

〈제15편 衛靈公〉

子曰 君子不可小知 而可大受也. 小人不可大受
자 왈 군 자 불 가 소 지 이 가 대 수 야 소 인 불 가 대 수
而可小知也.
이 가 소 지 야

공자께서 말씀하시기를

"군자는 작은 지혜는 맡길 수 없으나 큰 임무는 맡길 수 있고, 소인은 큰 임무는 맡길 수 없으나 작은 지혜는 맡길 수 있느니라."

【글자 뜻】 受:받을 수.

【말의 뜻】 不可:~할 수 없음. 옳지 못함. 小知:작은 지혜. 大受:큰 임무. 大任.

【뜻 풀이】 군자는 정의를 존중하고 시야가 원대하기 때문에, 작은 지혜로써 처리하는 자질구레한 일에는 어둡지만, 덕으로 다스리는 큰 임무는 능히 해낼 수 있다. 그러나 소인은 실리에 밝고 시야가 좁기 때문에 큰 임무는 맡길 수 없고, 오직 작은 지혜로써 처리하는 지엽적인 일이나 할 수 있는 것이다.

5

〈제15편 衛靈公〉

子曰 君子病無能焉. 不病人之不己知也.
자 왈 군 자 병 무 능 언 불 병 인 지 불 기 지 야

공자께서 말씀하시기를

"군자는 자신의 능력 없음을 근심할 뿐, 남들이 나를 알아주지 않음을 걱정하지 않느니라."

【글자 뜻】 病:괴로워할 병(병들 병). 能:능할 능.

【말의 뜻】 病無能焉:자신의 능력 없음을 괴로워함. 不己知:나를 알아주지 않음.

【문 법】 之:주격 조사.

【뜻 풀이】 사람이란 자기의 능력을 과대평가(過大評價)하기 쉽다. 자기의 무능함은 생각하지 않고, 상대방이 능력을 인정해 주지 않음을 원망하기 일쑤이다. 우선 조급히 굴지 말고 내 실력부터 꾸준히 쌓을 일이다. 실력만 충분하면 절로 남들이 그 능력은 인정해 주게 마련인 것이다.

6

〈제19편 子張〉

子貢曰 君子之過也. 如日月之食焉. 過也 人皆見之. 更也 人皆仰之.
자공왈 군자지과야 여일월지식언 과야 인개견지 경야 인개앙지

자공(子貢)이 말하기를

"군자의 잘못함은 마치 일식과 월식 같아서, 잘못을 저지르면 사람들이 다 이를 보아 알고, 그것을 고치면 사람들이 다 우러러보느니라."

【글자 뜻】 過:허물 과(지날 과). 食:먹을 식. 밥 식. 皆:다 개. 更:고칠 경(다시 갱). 仰:우러러볼 앙.

【말의 뜻】 如~焉:마치 ~과 같다. 日月之食:일식과 월식. 更也:그 잘못을 고침. 仰之:그것을 우러러봄.

【문　법】 之:처음의 之는 주격 조사, 다음 之는 소유격 조사, 뒤의 두 之는 대명사. 過也:동사.

【뜻 풀이】 인격이 수양된 사람은 모든 행동에 거짓이나 꾸밈이 없다. 그가 잘못을 저지르면 보는 사람이 다 알 수 있다. 의식적으로 잘못한 것이 아니기 때문에 그는 자신의 잘못을 깨닫는 순간, 이를 감추려 하지 않고 주저하지도 않고 바로 고친다. 그래서 사람들은 그를 더욱 존경하게 되는 것이다.

7

〈제19편 子張〉

子夏曰 小人之過也 必文.
자 하 왈 소 인 지 과 야 필 문

자하(子夏)가 말하기를
"소인은 잘못을 저지르면 반드시 꾸미느니라."

【글자 뜻】 文:꾸밀 문(글월 문).
【문　법】 之:주격 조사. 必:부사.

【뜻 풀이】 군자와는 반대로, 소인은 자신의 잘못을 깨닫고도 이를 고치려 하지 않고, 오히려 이를 숨기고 겉으로 꾸며 남을 속이려 한다. 그러나 숨기려는 것은 더 잘 나타나게 마련이며, 남들이 속아넘어간다 할지라도 자신의 양심마저 속일 수는 없는 것이다. 자신의 과오를 깨닫고도 고치지 않는 것이야말로 진짜 과오인 것이다.

8

〈제15편 衛靈公〉

子曰 君子不以言擧人 不以人廢言.
자 왈 군 자 불 이 언 거 인 불 이 인 폐 언

공자께서 말씀하시기를

"군자는 말을 가지고 사람을 천거하지 않으며, 사람을 가지고 말을 버리지 않느니라."

【글자 뜻】 擧:들 거. 천거할 거. 廢:폐할 폐.

【말의 뜻】 以言:말을 가지고. 말 때문에. 擧人:사람을 천거함. 以人:사람을 가지고. 사람 때문에. 廢言:말을 버림.

【문 법】 以:전치사(이유를 나타냄).

【뜻 풀이】 군자는 공평무사(公平無私)하므로, 그 사람의 말이 쓸 만하다고 하여 사람을 등용하지 않으며, 그 인격이 보잘것없는 경우라도 말이 쓸 만하면 그 말을 버리지 않고 채택하는 것이다.

9

〈제13편 子路〉

子曰 君子易事而難說也. 說之不以道 不說也. 及其使人也 器之. 小人難事而易說也. 說之雖不以道 說也. 及其使人也 求備焉.
자왈 군자이사이난열야 열지불이도 불열야 급기사인야 기지 소인난사이이열야 열지수불이도 열야 급기사인야 구비언

공자께서 말씀하시기를

"군자는 섬기기는 쉬워도 기쁘게 하기는 어렵다. 그를 기쁘게 함에 정도(正道)로써 하지 않는다면 기뻐하지 않고, 그 사람을 부릴 때는 그 그릇에 맞게 부리느니라. 소인은 섬기기는 어려워도 기쁘게 하기는 쉽다. 그를 기쁘게 하는 데는 비록 정도로써 하지 않을지라도 기뻐하며, 그 사람을 부리는 데는 모든 일을 다 잘하기를 바라느니라."

【글자 뜻】 說:기쁠 열(말씀 설). 使:부릴 사(하여금 사). 器:그릇 기. 雖:비록 수. 求:바랄 구(구할 구). 備:갖출 비.

【말의 뜻】 易事:섬기기 쉬움. 難說:기쁘게 하기 어려움. 及~也:~함에 이르러서는. 使人:남을 부림. 器之:그릇에 맞게 씀. 재능에 따라 적재적소에서 일하게 함. 求備:다 갖추기를 바람. 다 잘하기를 요구함.

【문 법】 而:접속사(~하여도). 說之:之는 대명사. 及:전치사. 器之:之는 동사를 나타내는 조사. 雖:부사(비록).

【뜻 풀이】 군자는 정의를 존중하고 재능에 따라 사람을 적재적소에서 일하게 한다. 그러므로 그를 섬기기는 쉽지만, 일에 성의를 다하여 성과

를 올리지 않고는 그를 기쁘게 할 수 없다. 그러나 소인은 이득을 좋아하여 재능을 헤아리지 않고 일을 맡긴다. 그러므로 그에게 아부하지 않고는 섬길 수 없지만, 작은 뇌물만 주어도 만족해할 것이니 그를 기쁘게 하기는 쉬운 노릇이다.

제7장
정 치
(政治)

1

〈제8편 泰伯〉

> 子曰 不在其位 不謀其政.
> 자 왈 부 재 기 위 불 모 기 정

공자께서 말씀하시기를
"그 직위에 있지 않거든 그 정사를 논의하지 말아야 하느니라."

【글자 뜻】 位:자리 위(벼슬 위). 謀:꾀할 모. 政:정사 정.

【말의 뜻】 位:직위. 謀:논의함. 도모함. 政:정사. 직무.

【문　법】 其:대명사. 不在:부재라 읽음.

【뜻 풀이】 세상 사람들은 흔히 자신의 임무에는 소홀하면서도 남의 일에 관여하기를 좋아한다. 자기가 맡은 일에 충실할 일이지 다른 사람의 소관을 주제넘게 간섭해서는 안 된다. 이는 정치뿐만 아니라 모든 사회 생활에 적용되는 교훈이다.

2

〈제13편 子路〉

子曰 其身正 不令而行. 其身不正 雖令不從.
자 왈 기 신 정 불 령 이 행 기 신 부 정 수 령 부 종

공자께서 말씀하시기를

"자기 몸이 바르면 명령하지 않아도 다스려지고, 자기 몸이 바르지 못하면 비록 명령할지라도 복종하지 않느니라."

【글자 뜻】 令:명령할 령. 從:좇을 종.

【말의 뜻】 不令而行:명령하지 않아도 행하여짐(다스려짐). 雖:비록.

【문 법】 其:대명사. 而:접속사(~하여도). 雖:부사. 不正:부정. 不從:부종.

【뜻 풀이】 정치는 우선 윗사람이 잘해야 한다. 윗사람 자신이 올바르면 아랫사람이나 백성들은 절로 올바르게 되어 그들의 도리를 다하지만, 만일 윗사람 자신이 올바르지 못하다면 아무리 엄한 명령으로 다스릴지라도 아랫사람들은 마음에서 우러나오는 복종은 하지 않는다.

3

〈제13편 子路〉

子路問政 子曰 先之勞之. 請益. 曰 無倦.
자 로 문 정 자 왈 선 지 로 지 청 익 왈 무 권

자로(子路)가 정치에 대하여 여쭈어 보자, 공자께서 말씀하시기를
"앞장서서 일하고 백성들을 위로해야 하느니라."
더 말씀해 주기를 청하자, 말씀하시기를
"게을리하지 말아야 하느니라."

【글자 뜻】 勞:위로할 로(수고할 로). 請:청할 청. 益:더할 익(유익할 익). 倦:게으를 권.

【말의 뜻】 先之:백성들에 앞장서서 함. 勞之:백성들을 위로함. 請益:더 말씀해 주기를 청함. 無倦:게을리하지 말아야 함.

【문 법】 之:백성을 가리키는 대명사. 無:금지사.

【뜻 풀이】 자로(子路)가 정치를 어떻게 해야 하느냐고 여쭈어 보자, 백성들에게 앞장서서 선행을 솔선 수범하고, 백성들이 이를 본받아 따라와 주거든 그들의 수고를 위로해 주어야 한다고 말씀했다. 더 할 일은 없느냐고 다시 여쭈어 보자, 이 일을 꾸준히 하여 게을리함이 없어야 한다고 말씀한 것이다. 윗사람이 솔선 수범하면 아랫사람들은 명령하지 않아도 절로 따라오게 마련이다.

4

〈제4편 里仁〉

子曰 不患無位 患所以立 不患莫己知 求爲可知也.
자 왈 불 환 무 위 환 소 이 립 불 환 막 기 지 구 위 가 지 야

공자께서 말씀하시기를

"벼슬자리가 없음을 걱정하지 말고 벼슬자리에 설 수 있는 능력을 걱정하며, 나를 알아주지 않음을 근심하지 말고 알려질 수 있는 일을 하기에 힘써야 하느니라."

【글자 뜻】 患:근심할 환. 莫:없을 막(말 막).

【말의 뜻】 不患無位:벼슬자리 없음을 근심하지 말라. 所以立:벼슬자리에 설 수 있는 능력. 所以는 원인 · 이유 · 방법 등을 나타냄. 莫己知:자기를 알아주지 않음. 求:구함. 노력함. 爲可知:알려질 수 있는 일을 함.

【뜻 풀이】 세상 사람들은 자기의 능력은 생각지 않고 일이 뜻대로 되지 않음을 한탄한다. 그러나 내 힘을 길러 지니고 있으면 기회는 절로 오게 마련이다. 원대한 이상을 실현시키려면 꾸준히 노력하여 내 능력을 충분히 길러야 하는 것이다.

5

〈제2편 爲政〉

子曰 道之以政 齊之以刑 民免而無恥. 道之以德
자 왈 도 지 이 정 제 지 이 형 민 면 이 무 치 도 지 이 덕
齊之以禮 有恥且格.
제 지 이 례 유 치 차 격

공자께서 말씀하시기를

"법령으로써 이끌고 형벌로써 다스린다면, 백성들은 그 법령과 형벌에서 벗어나도 수치로 여기지 않는다. 그러나 덕으로 인도하고 예(禮)로써 다스린다면, 백성들은 수치를 알게 되어 바른길로 나가느니라."

【글자 뜻】 道:인도할 도(길 도). 導와 같음. 政:법 정(정사 정). 齊:다스릴 제. 가즈런할 제. 刑:형벌 형. 免:벗어날 면(면할 면). 恥:부끄러울 치. 且:또 차. 格:바를 격(격식 격, 이룰 격).

【말의 뜻】 道之以政:백성들을 법령으로써 이끌음. 齊之以刑:백성들을 형벌로써 다스림. 免而無恥:법령을 빠져나가되 부끄러움을 모름. 有恥且格:백성들이 부끄러운 마음을 지니게 되고 바른길로 나아감.

【문 법】 之:백성을 가리키는 대명사. 而:접속사(~하여도, ~하여서).

【뜻 풀이】 덕으로 나라를 다스림을 덕치주의(德治主義)라 하고, 법으로 다스림을 법치주의(法治主義)라 한다. 법치주의에서는 많은 법령을 만들어 정치의 토대로 삼아, 이를 어기는 자는 형벌로 징계한다. 백성들은 무조건 법령에만 따라야 하기 때문에, 법령을 어겨 형벌을 받아도 왜 나쁜지를 몰라 부끄러워할 줄 모른다. 그러나 덕으로써 정치를 하면, 백성들은 이에 감화되어 자발적으로 따르게 되고, 예절을

널리 펴면 백성들은 스스로 올바른 길로 나아가게 된다. 형벌 앞에는 두려워 복종하지만 예(禮) 앞에는 부끄러워 바른길을 걸어가게 되는 것이다.

6

〈제13편 子路〉

子夏爲莒父宰 問政. 子曰 無欲速. 無見小利.
자 하 위 거 보 재 문 정 자 왈 무 욕 속 무 견 소 리
欲速則不達 見小利則大事不成.
욕 속 즉 부 달 견 소 리 즉 대 사 불 성

자하(子夏)가 거보(莒父)의 지방장관이 되어 정치를 여쭈어 보자
공자께서 말씀하시기를
"급히 서둘지 말고 작은 이득을 돌아보지 말지니, 급히 서둘면 철저히 이르지 못하고, 작은 이득을 살피면 큰일을 이루지 못하느니라."

【글자 뜻】莒:이름 거. 父:이름 보(아비 부). 宰:재상 재. 速:빠를 속. 達:달할 달.

【말의 뜻】莒父:魯나라의 지명. 宰:지방장관. 欲速:빨리 하려고 서둠. 不達:(부달)미치지 못함. 철저하지 못함.

【문 법】無:금지사.

【뜻 풀이】일은 급히 서둘러 하면 용의주도(用意周到)하지 못하여 실수가 많게 되고, 자신의 작은 이득에 눈이 어두우면 백성을 다스리는 큰일을 그르치게 된다. 급한 때일수록 침착하게 처리해야 일을 그르침이 없고, 사리 사욕에 눈뜨지 말아야 인생을 그르침이 없는 것이다.

7

〈제5편 公冶長〉

子謂子産 有君子之道四焉. 其行己也恭 其事上也
자 위 자 산 유 군 자 지 도 사 언 기 행 기 야 공 기 사 상 야
敬 其養民也惠 其使民也義.
경 기 양 민 야 혜 기 사 민 야 의

공자께서 자산(子産)을 평하여 말씀하시기를

"그는 군자의 도 네 가지를 지니고 있었으니, 행동함에는 공손했으며, 윗사람을 공경하여 섬겼으며, 백성을 다스림에는 은혜로웠으며, 백성을 부림에는 정의로웠느니라."

【글자 뜻】 産:낳을 산. 恭:공손할 공. 敬:공경할 경. 事:섬길 사. 養:기를 양. 惠:은혜 혜. 使:부릴 사.

【말의 뜻】 子産:鄭나라 대부. 춘추 시대의 유명한 정치가로, 공자 30세 때 죽음. 行己:몸을 처함. 자기의 행동. 事上:윗사람을 섬김. 임금을 섬김. 養民:백성을 기름. 백성을 다스림. 使民:백성을 부림.

【문 법】 其:강조어. 대명사. 恭·敬·惠·義:형용사.

【뜻 풀이】 자산(子産)은 30년 동안 어진 정치를 베풀어 정(鄭)나라를 부강하게 만든 유명한 정치가이다. 자기의 행동을 항상 삼가고, 윗사람을 공경하며, 아랫사람의 대우는 후하게 하여 생활을 넉넉하게 해 주는 한편, 그들을 적재적소에서 일하게 하는 사람이라면 능히 남의 윗사람이 될 자격이 있다 하겠다.

8

〈제12편 顏淵〉

子貢問政. 子曰 足食足兵 民信之矣. 子貢曰 必不
자 공 문 정　자 왈　족 식 족 병　민 신 지 의　자 공 왈　필 부
得已而去 於斯三者何先. 曰 去兵. 子貢曰 必不得
득 이 이 거　어 사 삼 자 하 선　왈　거 병　자 공 왈　필 부 득
已而去 於斯二者何先. 曰 去食. 自古皆有死. 民
이 이 거　어 사 이 자 하 선　왈　거 식　자 고 개 유 사　민
無信不立.
무 신 불 립

자공(子貢)이 정치에 대하여 여쭈어 보자, 공자께서 말씀하시기를

"식량을 풍족하게 하고, 군비를 튼튼하게 하고, 백성들이 믿고 따르게 해야 하느니라."

자공(子貢)이 여쭈기를

"꼭 부득이하여 버린다면, 이 셋 중에서 무엇을 먼저 버려야 하나이까?"

"군비를 버려야 하느니라."

자공(子貢)이 다시 여쭈기를

"꼭 부득이하여 버린다면 이 둘 중에서 무엇을 먼저 버려야 하나이까?"

"식량을 버려야 하느니라. 예로부터 사람에게는 다 죽음이 있게 마련이거니와, 백성들이 믿고 따르지 않는다면 나라가 서지 못하느니라."

【글자 뜻】 足:족할 족(발 족). 已:말 이(이미 이). 去:버릴 거(갈 거). 斯:이 사.

【말의 뜻】 足食:식량을 풍족하게 함. 足兵:군비를 족하게 함. 民信之:백성들이 믿고 따름. 必:반드시. 꼭. 不得已:부득이. 어쩔 수 없음. 去:버림. 於斯三者:이 세 가지에서. 自古:예로부터. 不立:나라가 서지 못함.

【문 법】 之:대명사. 必:부사. 而:접속사. 於:전치사(~에서, ~중에서). 斯:지시대명사(이). 自:전치사. 皆:부사.

【뜻 풀이】 언변에 능한 자공(子貢)과의 유명한 문답이다. '식(食) · 병(兵) · 민신지(民信之)' 는 국가의 기본 정책이다. '식(食)' 은 국민의 의식주, 경제 정책이니 국민 생활의 필수 조건이다. '병(兵)' 은 군사 정책이니 국가 안정의 필수 조건이다. '민신지(民信之)' 는 국민의 신망이니 정치의 기본 조건이다. 그러나 이 세 가지 정책 가운데서도 가장 정치의 근본이 되는 것은 온 국민이 믿고 따르게 하는 일이다. 국민이 믿고 따라 총화(總和)만 이루어 준다면, 나머지 두 조건은 절로 해결되게 마련이지만, 국민의 지지를 얻지 못하면 국가 자체가 존속할 수 없는 것이다.

제8장
수 신
(修身)

1

〈제16편 季氏〉

孔子曰 見善如不及 見不善如探湯.
공 자 왈 견 선 여 불 급 견 불 선 여 탐 탕

공자께서 말씀하시기를

"선한 일을 보거든 따라가지 못할 것같이 하고, 악한 일을 보거든 끓는 물을 만진 것같이 하라."

【글자 뜻】 探:더듬을 탐(찾을 탐). 湯:끓을 탕.

【말의 뜻】 如不及:미치지 못할 것같이 함. 探湯:끓는 물을 만짐.

【뜻 풀이】 옳은 일을 행하고 악한 일을 하지 않음이 몸을 닦는 기본이다. 다른 사람의 옳은 행동을 보거든 마치 그것을 따라가지 못하여 놓치기라도 할 듯이 부지런히 실천해야 하고, 악한 일을 보거든 마치 뜨거운 물에 손이 닿았을 때처럼 즉시 이를 멀리해야 한다.

2

〈제3편 八佾〉

子曰 獲罪於天 無所禱也.
자 왈 획 죄 어 천 무 소 도 야

공자께서 말씀하시기를
"하늘에 죄를 얻으면 빌 곳이 없느니라."

【글자 뜻】 獲:얻을 획. 罪:허물 죄. 禱:빌 도.
【말의 뜻】 獲罪於天:하늘에게서 죄를 얻음. 所禱:빌 곳.
【문 법】 於:전치사(~에, ~에게, ~에게서).

【뜻 풀이】 사람은 속일 수 있어도 하늘은 속이지 못한다. 그러면 하늘이란 무엇인가? 하늘이란 곧 자연의 이치요, 하늘이 우리에게 준 인간의 양심이다. 이 속일 수 없는 자신의 양심마저 속이고서 도리에서 벗어나 스스로 악을 범한다면, 몸을 망친들 어디에 호소하랴!

3

〈제15편 衛靈公〉

子曰 衆惡之必察焉 衆好之必察焉.
자 왈 중 오 지 필 찰 언 중 호 지 필 찰 언

공자께서 말씀하시기를

"여러 사람이 미워할지라도 반드시 살펴봐야 하며, 여러 사람이 좋아할지라도 반드시 살펴봐야 하느니라."

【글자 뜻】 衆:무리 중. 惡:미워할 오(악할 악). 察:살필 찰.

【말의 뜻】 衆惡之:여러 사람이 미워함. 察:살펴봄. 관찰함.

【문 법】 惡之 · 好之:동사.

【뜻 풀이】 세상에는 진정한 이해나 협조보다 오해나 모략이 더 많고, 진실보다 허위가 더 많게 마련이다. 아무리 여러 사람들이 그를 미워하거나 좋아할지라도 맹목적으로 그들을 따라서 미워하거나 좋아할 것이 아니라, 정의에 입각한 나의 올바른 안목으로 깊이 관찰하여, 그 시비(是非)와 선악(善惡)을 판단해야 하는 것이다.

4

〈제1편 學而〉

子曰 不患人之不己知 患不知人也.
자 왈 불 환 인 지 불 기 지 환 부 지 인 야

공자께서 말씀하시기를

"남들이 나를 알아주지 않음을 걱정할 것이 아니라, 내가 남들을 알아주지 못함을 걱정해야 하느니라."

【글자 뜻】 患:근심할 환(병 환).

【말의 뜻】 不患:근심하지 말라. 不己知:나를 알아주지 않음. 不知人:(부지인)남을 알아주지 않음.

【문　법】 之:주격 조사. 不己知:不知人의 도치형.

【뜻 풀이】 세상 사람들은 자기는 남을 이해하려 하지 않으면서도 남이 나를 이해해 주기만 바란다. 그러나 이것은 뒤바뀐 생각이다. 내가 먼저 남을 이해해 주면, 남도 나를 이해해 주게 마련인 것이다.

5

〈제6편 雍也〉

子曰 人之生也直 罔之生也 幸而免.
자 왈 인 지 생 야 직 망 지 생 야 행 이 면

"사람이 살아감이란 곧은 법이니, 곧지 않으면서도 살아가고 있음은 요행히 천벌을 면하고 있는 것일 뿐이니라."

【글자 뜻】 直:곧을 직. 罔:없을 망. 幸:요행 행(다행 행). 免:면할 면.

【말의 뜻】 人之生也:사람이 살아가는 것. 直:곧음. 정직함. 진실함. 罔:곧음이 없음. 곧지 아니함. 幸而免:요행히도 벌을 면함.

【문 법】 人之生也:주어절. 之는 주격 조사, 生은 동사, 也는 종결조사. 罔之:之는 直을 가리키는 대명사. 而:어조사.

【뜻 풀이】 하늘로부터 받은 사람의 본성은 정직한 것이니, 세상을 살아가는 데도 마땅히 곧고 진실해야 하는 것이다. 그런데 많은 사람들이 이 하늘의 이치를 어기고 부정으로 살면서도 행세하고 있음은 아직 하늘의 벌을 요행히 면하고 있을 뿐이니, 언젠가는 반드시 그 벌을 받게 될 것이다.

6

〈제15편 衛靈公〉

子曰 躬自厚 而薄責於人 則遠怨矣.
자 왈 궁 자 후 이 박 책 어 인 즉 원 원 의

공자께서 말씀하시기를

"자기 스스로를 꾸짖기는 엄중하게 하고 남을 책망하기는 가볍게 하면, 원망은 멀어지느니라."

【글자 뜻】 躬:몸 궁. 厚:두터울 후. 薄:엷을 박. 責:꾸짖을 책. 怨:원망할 원.

【말의 뜻】 躬自厚:자기의 잘못은 후하게 꾸짖음. 薄責於人:남에게는 가볍게 꾸짖음. 遠怨:원망을 멀리함.

【문 법】 躬自厚:責己厚, 厚責於己의 뜻. 而:접속사(그리고). 於:전치사(~에게). 則:접속사(~하면 곧).

【뜻 풀이】 자신에게 대하여는 관대하고 남에게는 가혹한 것이 세상 사람들의 마음이다. 그러나 수양이 있는 사람이라면 자기를 반성하기는 가혹하게 하고 남의 잘못은 너그럽게 용서하기 때문에, 사람들은 그를 원망하지 않고 그의 인격을 존경하게 되는 것이다.

7

〈제5편 公冶長〉

宰予晝寢. 子曰 朽木不可雕也 糞土之牆不可汚也.
재 여 주 침 자 왈 후 목 불 가 조 야 분 토 지 장 불 가 오 야

재여(宰予)가 낮잠을 자거늘, 공자께서 말씀하시기를

"썩은 나무는 조각할 수 없고, 더러운 흙으로 쌓은 담은 흙손질을 할 수 없느니라."

【글자 뜻】 宰:재상 재. 予:나 여. 晝:낮 주. 寢:잘 침. 朽:썩을 후. 雕:새길 조. 糞:똥 분. 더러울 분. 牆:담 장. 汚:흙손질할 오.

【말의 뜻】 宰予:공자의 제자. 子貢과 함께 언어에 능했음. 晝寢:낮잠을 잠. 朽木:썩은 나무. 不可:~할 수 없음. 雕:조각(彫刻)함. 糞土之牆:더러운 흙으로 쌓은 담.

【문 법】 雕:彫와 같음. 之:소유격 조사.

【뜻 풀이】 말은 잘하지만 학문과 실천에 게으름을 피워 낮잠을 자는 재여(宰予)를 썩은 나무와 더러운 흙담에 비유하여 바탕부터 고쳐야 할 것을 나무란 말씀이다. 인격의 수양은 근본 바탕에서부터 이루어져야 하는 것이다.

8

〈제9편 子罕〉

子曰 歲寒然後 知松栢之後彫也.
자 왈 세 한 연 후 지 송 백 지 후 조 야

공자께서 말씀하시기를
"날씨가 추워진 뒤에야 소나무와 전나무가 더디 시듦을 아느니라."

【글자 뜻】 歲:해 세. 寒:추울 한. 然:그럴 연. 松:소나무 송. 栢:전나무 백. 잣 백. 彫:시들 조(새길 조).

【말의 뜻】 歲寒:겨울이 되어 날씨가 추움. 然後:그런 뒤에. 연후에. 後彫:더디 시들어 떨어짐.

【문 법】 然後:접속부사. 彫:凋와 같음.

【뜻 풀이】 겨울이 되어 날씨가 추워진 뒤에야 소나무와 전나무의 푸르른 절개를 알 수 있듯이, 세상이 어지러운 때라야 충신이나 열사를 알게 된다. 또 위급하거나 어려운 때를 당하면 그가 인격이 수양된 사람인지 알 수 있게 되는 것이다.

9

〈제4편 里仁〉

子曰 見賢思齊焉 見不賢而內自省也.
자 왈 견현사제언 견불현이내자성야

공자께서 말씀하시기를

"어진 사람을 보거든 그와 같아지기를 생각하고, 어질지 못한 사람을 보거든 자신에 비추어 스스로 반성해야 하느니라."

【글자 뜻】 賢:어질 현. 齊:가지런할 제. 省:살필 성.

【말의 뜻】 賢:덕행이 높은 사람. 思齊:그와 같아지기를 생각함. 內自省: 안으로 자신을 반성함.

【문 법】 而:접속사(~하고서).

【뜻 풀이】 선한 사람을 보면 이를 본받아 나도 그와 같아지기를 힘써야 하고, 악한 사람을 보면 나를 반성하여 그렇게 되지 않도록 노력하는 것이 자신의 인격을 수양하는 가장 가까운 길이다.

10

〈제14편 憲問〉

子曰 不怨天 不尤人. 下學而上達.
자 왈　불 원 천　불 우 인　하 학 이 상 달

공자께서 말씀하시기를

"하늘을 원망하지 않고 사람을 탓하지 않고서, 오직 밑에서부터 배워 위로 통달해 가야 하느니라."

【글자 뜻】 怨:원망할 원. 尤:탓할 우(더욱 우).

【말의 뜻】 不怨天:하늘을 원망하지 않음. 不尤人:남을 탓하지 않음. 下學而上達:아래로 세상살이부터 배워 올라가 진리에 통달함.

【뜻 풀이】 일이 뜻대로 되지 않으면 으레 운명을 원망하고 사람들을 탓한다. 그러나 자신에 대한 모든 책임은 자기 자신에게 있는 것이다. 더구나 자신을 올바르게 발전시켜 나가는 일에야 어찌 누구를 원망할 것이 있으랴. 위로 하늘을 원망치 않고 아래로 사람을 탓하지 않으면서, 오직 일상 생활부터 배움을 시작하여 꾸준히 배우고 닦아 자신의 사명을 다해야 하는 것이다.

11

〈제1편 學而〉

曾子曰 吾日三省吾身. 爲人謀而不忠乎 與朋友交
증 자 왈 오 일 삼 성 오 신 위 인 모 이 불 충 호 여 붕 우 교
而不信乎 傳不習乎.
이 불 신 호 전 불 습 호

증자(曾子)께서 말씀하시기를

"나는 날마다 세 차례씩(세 가지로) 내 몸을 반성한다. 남을 위하여 일을 도모함에 성실치 못하지는 않았던가? 벗과 더불어 사귐에 신의가 없지는 않았던가? 익히지 않은 바를 남에게 전하지는 않았던가?"

【글자 뜻】 吾:나 오. 省:살필 성. 謀:꾀할 모. 傳:전할 전.

【말의 뜻】 三省:세 번씩 반성함. 세 가지를 반성함. 爲人謀:남을 위하여 일을 도모함. 不忠:성실하지 못함. 마음을 다하지 않음. 與:~와 더불어. 傳不習:익히지 않은 것을 남에게 가르침. 스승에게서 배운 것을 익히지 않음.

【문　법】 而:접속사. 與:전치사.

【뜻 풀이】 사람이란 다른 사람에 대해서는 잘 알면서도 자신에 대하여는 잘 모르는 법이다. 남의 얼굴이나 걸음걸이를 잘 알 듯이 그 마음이나 행동은 옳게 평가하지만, 자신의 얼굴이나 걸음걸이를 잘 모르듯이 자신의 마음이나 행동에 대하여는 옳게 평가하지 못하는 것이다. 그러기에 사람은 거울에 비추어야 제 몸을 알 수 있듯이, 스스로 자신을 자주 돌이켜보아야만 스스로의 옳고 그름을 알 수 있는 것이다. 사람은 스스로 반성함으로써 자기 자신을 알 수 있고, 스스로를 알아야 자

신의 언행을 바르게 고쳐 나갈 수 있으며, 자기의 인격을 완성시킬 수 있는 것이다. 첫째는 성실에 대한 반성이요, 둘째는 신의에 대한 반성이요, 셋째는 도덕의 실천에 대한 반성이다.

12

〈제6편 雍也〉

子曰 知者樂水 仁者樂山 知者動 仁者靜 知者樂
자 왈 지 자 요 수 인 자 요 산 지 자 동 인 자 정 지 자 락
仁者壽.
인 자 수

공자께서 말씀하시기를

"지혜 있는 이는 물을 좋아하고 어진 이는 산을 좋아하나니, 지혜 있는 이는 움직이고 어진 이는 고요하며, 지혜 있는 이는 즐겁게 살고 어진 이는 오래 사느니라."

【글자 뜻】 樂:좋아할 요(즐거울 락). 靜:고요할 정. 壽:수할 수.

【말의 뜻】 知者:지혜 있는 사람. 樂山:(요산)산을 좋아함. 樂水:물을 좋아함.

【뜻 풀이】 지자(知者)란 냉철한 지혜를 지닌 이지적인 사람이요, 인자(仁者)란 인자하고 후덕한 덕을 지닌 군자이다. 지자가 물을 좋아함은 그 맑음을 취함이요, 인자가 산을 좋아함은 그 태연자약함을 취함이다. 지자는 그 지혜가 냉철하기 때문에 물과 같이 활동적이요 인생을 즐겁게 살며, 인자는 그 덕이 후하기 때문에 산과 같이 조용하며 오래 산다. 결국 지자는 영원의 진리를 알아내어 유유자적(悠悠自適)하며, 인자는 온 인류를 품에 안고 영원히 인류와 함께 사는 것이다.

13

〈제7편 述而〉

子曰 飯疏食飮水 曲肱而枕之 樂亦在其中矣.
자 왈 반소사음수 곡굉이침지 낙역재기중의

不義而富且貴 於我如浮雲.
불의이부차귀 여아여부운

공자께서 말씀하시기를

"거친 밥을 먹고 물 마시고 팔을 구부려 베고서 살지라도, 즐거움은 또한 그 가운데도 있는 것이니, 의롭지 않고서 부유하고 귀함은 나에게는 뜬구름과 같으니라."

【글자 뜻】 飯:먹을 반(밥 반). 疏:성길 소. 食:밥 사(밥 식). 曲:굽을 곡. 肱:팔 굉. 枕:베개 침. 벨 침. 且:또 차. 浮:뜰 부. 雲:구름 운.

【말의 뜻】 疏食:거친 밥. 曲肱:팔을 구부림. 富且貴:부유함과 귀함. 於我:나에게는. 如浮雲:뜬구름과 같다.

【문 법】 而:접속사(~하여서, ~하고서). 之:대명사. 且:접속사. 於:전치사.

【뜻 풀이】 아무리 가난한 생활 속에서도 행복은 찾을 수 있고, 떳떳하게 살 수 있다. 인생의 의의는 올바르게 사는 데 있는 것이니, 사람이 옳은 길을 가지 못한다면 높은 지위나 많은 재물이 무엇에 필요하랴! 불의로 살면서 부귀한 것은 뜬구름과 같은 것이다.

14

〈제6편 雍也〉

子曰 賢哉 回也. 一簞食 一瓢飮 在陋巷 人不堪
자 왈 현 재 회 야 일 단 사 일 표 음 재 루 항 인 불 감

其憂 回也不改其樂. 賢哉 回也.
기 우 회 야 불 개 기 락 현 재 회 야

공자께서 말씀하시기를

"안회(顔回)야말로 현자로다! 한 도시락 밥과 한 표주박 마실 것으로 누추한 곳에서 사는 것을 사람들은 근심하며 다 견디지 못하거늘, 안회는 그 즐거움을 고치지 아니하니 안회야말로 정말 현자로다!"

【글자 뜻】 簞:도시락 단. 食:밥 사(밥 식). 瓢:표주박 표. 陋:더러울 루. 巷:거리 항. 堪:견딜 감. 憂:근심 우.

【말의 뜻】 回:顔回. 一簞食:한 도시락의 밥. 簞은 나무로 엮어 만든 밥그릇. 一瓢飮:한 표주박의 마실 것. 在陋巷:누추한 거리에서 삶. 不堪:견디지 못함. 不改其樂:그 즐거움을 고치지 않음. 安貧樂道함.

【문 법】 賢哉回也:回也賢哉의 도치법. 哉:감탄종결조사.

【뜻 풀이】 안회(顔回)는 공자의 가장 뛰어난 제자였으나 집안이 몹시 가난했다. 한 그릇의 거친 밥과 한 표주박의 마실 것으로 끼니를 잇고 누추한 오막살이에서 가난한 생활을 하였다. 사람들은 생활이 이처럼 곤궁해지면 이를 괴로워하고 불의를 저지르게 된다. 그런데 안회(顔回)는 이와 같은 가난한 생활 속에서도 초연히 인생의 진리를 즐겼던 것이다. 이야말로 '안빈낙도(安貧樂道)' 의 표본이라 하겠다.

제9장
공 자
(孔子)

1

〈제7편 述而〉

子溫而厲 威而不猛 恭而安.
자 온 이 려 위 이 불 맹 공 이 안

공자께서는 온순하시되 엄격하시고, 위엄이 있으시되 사납지 않으시고, 공손하시되 태연자약하셨느니라.

【글자 뜻】 厲:엄할 려. 威:위엄 위. 猛:사나울 맹.
【말의 뜻】 溫:온순함. 厲:엄격함. 엄숙함. 威:위엄이 있음. 猛:사나움. 난폭함. 恭:공손함. 경건함. 安:편안함. 자연스러움.
【문 법】 而:접속사(~하되).

【뜻 풀이】 평소의 공자의 모습을 제자가 적은 글이다. 사람이란 대개 한 편으로 치우치게 마련이어서 온순하면 엄격함이 없고, 위엄이 있으면 난폭함이 따르고, 공손하면 태연자약하지 못하고 비굴하기 일쑤이다. 그러나 공자는 풍모와 품격에 이르기까지 모든 언어와 행동이 가장 법도에 알맞아, 능히 중용을 이루었던 것이다. 당시 사람들은 공자를 생이지지(生而知之)한 성인이라고 일컬었던 것이다.

2

〈제7편 述而〉

子之燕居 申申如也 夭夭如也.
자 지 연 거 신 신 여 야 요 요 여 야

공자께서 집에서 한가히 지내실 때에는, 유유히 태연자약하시며, 얼굴에 화기가 넘치셨다.

【글자 뜻】 燕:편안할 연(나라 연). 申:펼 신(납 신). 夭:화평할 요(일찍 죽을 요).

【말의 뜻】 燕居:집에서 한가히 지냄. 申申如:태연자약한 모습. 夭夭如:화기가 넘치는 모습.

【문 법】 之:주격 조사. 如:然의 뜻.

【뜻 풀이】 어떤 제자가 공자의 평소 집안에서의 모습을 그려낸 글이다. 태연자약한 성인의 생활이 단적으로 잘 나타나 있다.

3

〈제19편 子張〉

子夏曰 君子有三變. 望之儼然. 卽之也溫. 聽其言也厲.
자하왈 군자유삼변 망지엄연 즉지야온 청기언야려

자하(子夏)가 말하기를

"군자는 세 가지 다른 면을 지니고 있다. 멀리서 바라보면 근엄하고, 가까이 다가가면 온화하고, 그 말을 들으면 엄격하니라."

【글자 뜻】 望:바라볼 망(바랄 망). 儼:근엄할 엄. 뚜렷할 엄. 卽:나아갈 즉(곧 즉). 聽:들을 청. 厲:엄할 려.

【말의 뜻】 三變:세 가지 다른 면. 望之:멀리서 그를 바라봄. 儼然:근엄한 모양. 卽之:그에게 가까이 나아감.

【문 법】 之 · 其:대명사.

【뜻 풀이】 자하(子夏)가 스승 공자를 모델로 한 말이다. 멀리서 바라볼 때는 그 모습이 엄숙하여 감히 가까이 접근할 수 없을 것 같지만, 막상 가까이 가서 대하면 부드럽고 온순하여 친근감을 느끼게 된다. 그러나 그 말씀을 듣게 되면 지극히 엄격하고 공정하여 감히 조금의 불의도 용납될 수 없다는 것이다.

4

〈제10편 鄕黨〉

升車 必正立執綏. 車中不內顧 不疾言 不親指.
승거 필정립집수 거중불내고 부질언 불친지

수레에 오르실 때에는 반드시 똑바로 서서 손잡이 끈을 잡고 오르셨다. 수레 안에서 이리저리 돌아보지 아니하시며, 말씀을 빨리 하지 아니하시며, 친히 손가락질하여 가리키지 아니하셨다.

【글자 뜻】 升:오를 승(되 승). 昇과 같음. 車:수레 거(차). 執:잡을 집. 綏:끈 수. 顧:돌아볼 고. 疾:빠를 질(병 질). 指:가리킬 지(손가락 지).

【말의 뜻】 升車:수레에 오름. 執綏:손잡이 끈을 잡음. 內顧:수레 안을 이리저리 돌아봄. 疾言:말을 빨리 함. 親指:직접 손가락질하여 가리킴.

【뜻 풀이】 공자가 지킨 교통 도덕이다. 당시의 수레는 차체의 대가 지상에서 세 자 세 치나 되었으며, 줄을 잡고 위로 올라야 했다. 공자께서는 수레에 오를 때도 단정한 몸가짐을 흩뜨리지 않고, 수레 안에서는 두리번거리는 일이 없고, 큰 소리로 떠들어대지 않고, 손가락질하여 밖을 가리키거나 하는 일도 없었다 한다.

5

〈제10편 鄕黨〉

鄕人飮酒 杖者出 斯出矣.
향 인 음 주 장 자 출 사 출 의

마을 사람들과 술을 함께 마실 때는 늙은이가 먼저 나간 다음에야 나가셨다.

【글자 뜻】鄕:고향 향(고을 향). 酒:술 주. 杖:지팡이 장. 斯:이 사.
【말의 뜻】鄕人:마을 사람. 杖者:지팡이를 짚은 사람. 늙은이. 斯:이에.

【뜻 풀이】술자리에서도 노인이 자리를 뜬 다음에야 자리에서 일어남은 그만큼 늙은이를 공경하였기 때문이다.

6

〈제7편 述而〉

子食於有喪者之側 未嘗飽也. 子於是日哭則不歌.
자 식 어 유 상 자 지 측 미 상 포 야 자 어 시 일 곡 즉 불 가

공자께서는 상을 당한 사람 곁에서 식사하시면 배불리 잡수시는 일이 없으셨다. 공자께서는 그날 곡하셨으면 종일 노래 부르지 않으셨다.

【글자 뜻】 喪:상사 상. 側:곁 측. 嘗:일찍이 상. 飽:배불리먹을 포. 哭:곡할 곡. 歌:노래할 가.

【말의 뜻】 有喪者:상을 당한 사람. 飽:배불리 먹음. 是日:이날. 그날. 不歌:노래 부르지 않음.

【문　법】 於:전치사(~에서, ~에). 之:소유격 조사. 未嘗:~부정사(일찍이 ~한 일이 없음). 則:접속사.

【뜻 풀이】 공자가 지킨 상례에 대한 예절의 일단이다. 부모상을 당한 사람은 애통하여 식사를 들지 못하므로, 그 효(孝)를 손상시키지 않기 위하여 식사를 삼갔던 것이다. 또 상가에 문상을 갔던 날은 좋아하는 음악도 폐하여 조의(弔意)를 표했던 것이다.

7

〈제10편 鄕黨〉

廏焚 子退朝曰 傷人乎 不問馬.
구 분 자 퇴 조 왈 상 인 호 불 문 마

마구간이 불탔거늘 공자께서 조정에서 돌아오시자
"사람이 상하지는 않았느냐?"
하고 말씀하실 뿐 말에 대하여는 묻지 않으셨다.

【글자 뜻】 廏:마구간 구. 焚:사를 분. 朝:조정 조(아침 조).
【말의 뜻】 廏焚:마구간이 불탐. 退朝:조정에서 물러 나옴.

【뜻 풀이】 말이 들어 있는 마구간에 불이 났거늘, 마구간과 관계가 없는 사람의 안부만 묻고 말에 대해서는 묻지 않다니! 말을 사랑하지 않음은 아니건만, 그만큼 사람을 중하게 여겼기 때문이다.

8

〈제7편 述而〉

子曰 我非生而知之者. 好古敏以求之者也.
자 왈 아 비 생 이 지 지 자 호 고 민 이 구 지 자 야

공자께서 말씀하시기를

"나는 나면서부터 아는 사람은 아니다. 옛 것을 좋아하여 부지런히 알아내기에 힘쓰는 사람이로다."

【글자 뜻】 敏:민첩할 민.

【말의 뜻】 生而知之:나면서부터 사물의 이치를 앎. 好古:옛 것을 좋아함. 敏以求之:민첩하게 진리를 구함.

【문 법】 而:접속사. 之:道를 가리키는 대명사. 以:접속사.

【뜻 풀이】 나면서부터 도(道)를 깨달음을 생이지지(生而知之)라 하고 배워서 깨달음을 학이지지(學而知之)라 한다. 생이지지(生而知之)는 곧 성인을 이름이니, 당시에도 세상사람들은 공자를 일러 성인이라고 했다. 그러나 본인 자신은 "옛 성인의 도를 좋아하여 부지런히 노력하고 있을 뿐."이라고 말씀하고 있다.

9

〈제9편 子罕〉

顏淵喟然歎曰 仰之彌高 鑽之彌堅. 瞻之在前 忽
안 연 위 연 탄 왈 앙 지 미 고 찬 지 미 견 첨 지 재 전 홀
焉在後. 夫子循循然善誘人 博我以文 約我以禮.
언 재 후 부 자 순 순 연 선 유 인 박 아 이 문 약 아 이 례
欲罷不能 旣竭吾才 如有所立卓爾 雖欲從之 末由
욕 파 불 능 기 갈 오 재 여 유 소 립 탁 이 수 욕 종 지 말 유
也已.
야 이

안연(顏淵)이 깊이 탄식하여 말하기를

"우러러보면 우러러볼수록 더욱 높으시고 뚫으면 뚫을수록 더욱 굳으시도다. 볼 때는 앞에 계시더니, 홀연히 뒤에 계시도다. 선생님께서는 차근차근히 사람을 잘 인도하시어, 학문으로 나를 넓혀 주시고 예(禮)로는 나를 다듬어 주시는도다. 그만두려 해도 그만둘 수 없이 끌려가게 되어, 내 재능을 다하여 쫓아가 보면, 서 계신 바가 다시 우뚝한지라, 아무리 따라가 보려 하나 따라갈 길이 없도다."

【글자 뜻】 喟:탄식할 위. 歎:탄식할 탄. 仰:우러러볼 앙. 彌:더욱 미. 鑽:뚫을 찬. 堅:굳을 견. 瞻:볼 첨. 忽:홀연 홀. 循:차례 순(돌 순). 誘:이끌 유(꾈 유). 約:조를 약(약속 약). 罷:파할 파. 旣:이미 기. 竭:다할 갈. 卓:높을 탁. 末:없을 말(끝 말). 由:말미암을 유.

【말의 뜻】 喟然:깊이 탄식하는 모양. 彌高:더욱 높음. 夫子:선생님. 공자를 가리킴. 循循然:순서에 따라 차근차근한 모양. 善誘人:사람을 잘 인도함. 博我以文:학문으로써 나를 넓혀 줌. 約我以禮:예로써 나

를 가다듬어 줌(단속함). 欲罷:그만두려 함. 旣竭吾才:내 재능을 있는 대로 다함. 如:~한 듯한. 所立:선 곳. 공자의 덕이 선 곳. 卓爾:우뚝한 모양. 末由:길이 없음. 방도가 없음.

【문 법】之:孔子의 道를 가리킨 대명사. 以:전치사. 也已:종결조사.

【뜻 풀이】공자의 인격에 대한 안자(顔子)의 종합적인 평가다. 위인이라야 위인의 인격을 알 수 있고, 성인이라야 성인의 전모를 알 수 있는 것이다. 다른 제자들은 공자의 위대한 어느 일면만을 깨달았을 뿐, 이렇게 안자(顔子)처럼 성인의 전모를 뚜렷이 바라보지는 못했던 것이다.

사람이란 대개 크면 허술하고 치밀하면 작게 마련이요, 넓으면 얕고 깊으면 좁게 마련인 것이다. 그런데 공자는 한없이 높고도 크며, 넓고도 깊으며, 많고도 단단하여 그 일부분만을 알려고 파 보아도 깊이를 알 수 없었으니, 그 전체를 바라보면 도무지 그 윤곽을 어림할 수도, 끝 간 데를 알 수도 없었으리라. 공자가 그렇게 극구 칭찬함을 아끼지 않던 안자(顔子)도 "아, 공자가 바로 여기에 계셨구나!" 하고 기뻐하며 그 일에 있는 힘을 다하여 파 들어가고 있노라면, 어느새 공자는 뒤에 와서 "이놈아, 거기가 아니야! 여기를 파!" 하는 듯했던 모양이다.

아아, 우러러보면 우러러볼수록 더욱 높으시고, 뚫어 들어가면 뚫어 들어갈 수록 굳게도 다지셨네! 앞에 계신 듯하여 힘을 다해 달려갔더니, 어느새 스승께선 뒤에 와 계신가!

제 2 편
맹 자
(孟子)

맹자와 그의 제자들에 의해 쓰여진 책이다. 맹자는 공자가 돌아간 1세기 뒤에 태어나, 공자가 창시한 유교를 더욱 발전시켰다. 공자의 사상이 '인(仁)' 이라면 맹자의 사상은 '인의(仁義)' 이다. 맹자의 '인의(仁義)' 의 사상은 사단론(四端論)을 중심으로 한 성선설(性善說)에 입각하고 있다. 이리하여 맹자는 양혜왕(梁惠王) · 제선왕(齊宣王) · 등문공(滕文公) 등 제후(諸侯)들에게는 인의(仁義)의 도덕 정치를 권장하고, 이단(異端)의 학자들에게는 인의의 이론으로 그들의 사설(邪說)을 타파하고, 제자들에게는 인의에 입각한 호연지기를 강의했던 것이다. 마치 대하 장강(大河長江)처럼 도도히 흐르는 웅변에, 적절한 인용과 절묘한 비유를 곁들인 〈맹자〉야말로 고전 중에서 뛰어난 문학서라 하겠다.

제1장
양혜왕편
(梁惠王篇)

1

〈梁惠王 上〉

孟子見梁惠王. 王曰 叟不遠千里而來 亦將有以利
맹 자 견 양 혜 왕　왕 왈　수 불 원 천 리 이 래　역 장 유 이 리

吾國乎. 孟子對曰 王何必曰利. 亦有仁義而已矣.
오 국 호　맹 자 대 왈　왕 하 필 왈 리　역 유 인 의 이 이 의

王曰 何以利吾國 大夫曰 何以利吾家 士庶人曰
왕 왈　하 이 리 오 국　대 부 왈　하 이 리 오 가　사 서 인 왈

何以利吾身. 上下交征利 而國危矣.
하 이 리 오 신　상 하 교 정 리　이 국 위 의

맹자께서 양(梁)나라 혜왕(惠王)을 만나보시자, 왕이 말하기를

"선생님께서 천 리를 멀다 않고 오셨으니, 역시 장차 우리 나라를 이롭게 해 주실 것이 있나이까?"

맹자께서 대답하시기를

"왕께서는 어찌 꼭 이익을 말씀하시나이까? 오직 인(仁)과 의(義)가 있을 뿐입니다. 왕께서 '어떻게 하면 내 나라를 이롭게 할까?' 하고 말씀하신다면 대부(大夫)들은 '어떻게 하면 내 집을 이롭게 할까?' 하고 말하며,

관리와 백성들은 '어떻게 하면 내 몸을 이롭게 할까?' 하고 말하게 되어, 상하가 모두 서로 이익만을 취하게 된다면, 나라가 위태로워질 것입니다."

【글자 뜻】 梁:나라 양. 叟:늙은이 수. 將:장차 장(장수 장). 已:따를 이(이미 이). 庶:무리 서. 交:서로 교(사귈 교). 征:취할 정(정벌할 정). 危:위태할 위.

【말의 뜻】 梁惠王:전국 시대 梁나라의 군주. 叟:어르신네. 孟子에 대한

존칭. 將有 ~乎:장차 ~이 있겠는가? 何必:어찌 꼭. 하필이면. 亦有 ~已矣:오직 ~이 있을 따름이다. 何以:어떻게 함으로써. 大夫:제후 나라의 지방장관. 士庶人:관리와 평민. 交征利:서로 이익만을 취함.

【문 법】而來:而는 접속사(~하고서). 以:수단 · 원인을 나타내는 조사. 而已矣:한정종결조사. 而國:而는 접속사(즉, 그러면).

【뜻 풀이】 공자의 사상이 인(仁)이라면, 맹자의 사상은 인의(仁義)이다. 인(仁)은 마음의 어진 덕이요 사랑의 근원이며, 의(義)는 일의 옳음이요 사람이 가야 할 길이다. 맹자가 살던 시기는 중국의 천하가 어지럽던 전국 시대(戰國時代)의 중엽이다. 제후(諸侯)들은 저마다 세력 확장에 여념이 없었으니, 양혜왕(梁惠王)이 천하의 현자(賢者)인 맹자를 만나자, 우선 자기 나라의 이익부터 내세운 것은 당연한 일이다. 그러나 맹자는 눈앞의 이익만을 추구하는 정치의 옳지 않음을 지적하고 인의(仁義) 정치를 권하고 있다. 만일 왕이 이익만을 추구한다면, 그 밑에 있는 신하들이나 하급 관리들과 일반 백성들까지 다 이익을 추구하게 되어 나라가 어지럽게 될 것이다. 그러나 왕이 솔선하여 인(仁)과 의(義)를 존중하여 인의(仁義)의 정치를 베푼다면, 온 백성들이 인(仁)한 마음을 지니고 정의(正義)를 실천하게 되므로, 나라는 절로 안정되고 발전할 것이다.

2

〈梁惠王 上〉

孟子見梁惠王. 王立於沼上 顧鴻鴈麋鹿曰 賢者
맹자견양혜왕 왕립어소상 고홍안미록왈 현자

亦樂此乎. 孟子對曰 賢者而後樂此 不賢者雖有此
역락차호 맹자대왈 현자이후락차 불현자수유차

不樂也. 〈中略〉 文王以民力爲臺爲沼 而民歡樂之
불락야 문왕이민력위대위소 이민환락지

謂其臺曰靈臺 謂其沼曰靈沼 樂其有麋鹿魚鼈. 古
위기대왈영대 위기소왈영소 락기유미록어별 고

之人與民偕樂故能樂也. 湯誓曰 時日害喪 予及女
지인여민해락고능락야 탕서왈 시일갈상 여급여

偕亡. 民欲與之偕亡 雖有臺池鳥獸 豈能獨樂哉.
해망 민욕여지해망 수유대지조수 기능독락재

맹자께서 양혜왕(梁惠王)을 만나보시자, 왕이 연못가에 섰다가 크고 작은 기러기들과 크고 작은 사슴들을 돌아보면서 말하기를

"어진 사람도 역시 이런 것들을 즐기나이까?"

맹자께서 대답하시기를

"어진 사람이라야 이런 것들을 즐길 수 있는 법이니, 어질지 못한 사람이라면 비록 이런 것들이 있을지라도 즐기지 못하나이다. 〈중략(中略)〉 옛날 문왕(文王)은 백성들의 힘으로 대(臺)도 세우고 연못도 만들었지만, 백성들은 그 일을 기쁘고 즐겁게 여겨 그 대를 영대(靈臺)라 부르고 그 연못을 영소(靈沼)라 불렀으며, 그 동산에서 뛰노는 사슴들과 그 연못에서 뛰노는 물고기와 자라들을 보고 즐거워했나이다. 이와 같이 옛날의 어진 임금이 그 백성들과 더불어 즐겼기 때문에 능히 즐길 수 있나이다.

탕서(湯誓)에 이르기를 '이놈의 해는 언제나 없어지려나! 내 너와 함께

죽고 싶구나?' 하였거니와 만일 백성들이 그 임금과 함께 망하기를 원한다면, 비록 대와 연못이 있고, 새와 짐승들이 있다 한들, 어찌 왕 혼자서 이를 즐길 수 있겠나이까?"

【글자 뜻】 沼:못 소. 顧:돌아볼 고. 鴻:큰기러기 홍. 鴈:기러기 안. 麋:큰사슴 미. 鹿:사슴 록. 雖:비록 수. 臺:집 대. 歡:기쁠 환. 靈:신령할 령. 鼈:자라 별. 偕:함께 해. 湯:탕임금 탕(끓을 탕). 誓:맹세 서. 時:이 시. 是와 같음. 害:어찌 갈(해할 해). 喪:잃을 상(상사 상). 予:나 여. 女:너 여. 汝와 같음. 豈:어찌 기. 獨:홀로 독.

【말의 뜻】 沼上:연못가. 鴻鴈:큰기러기와 작은 기러기. 麋鹿:큰사슴과 작은 사슴. 文王:周 文王. 爲臺爲沼:대와 연못을 만듦. 歡樂之:이를 기뻐하고 즐거워함. 靈臺 · 靈沼:文王이 즐기기 위하여 세운 누각과 연못 이름. 靈은 文王의 덕을 높여 백성들이 붙였다 함. 樂其有麋鹿魚鼈:그곳에 사슴과 물고기와 자라가 있음을 즐거워함. 古之人:옛날 사람. 문왕을 가리킴. 與民偕樂:백성들과 더불어 함께 즐김. 湯誓:書經 商書의 篇名. 殷나라 湯王이 夏나라 마지막 임금으로 잔학 무도한 걸(桀)을 정벌할 때의 宣誓文. 時日:이 해. 日은 桀을 가리킴. 害喪:언제 없어지나. 予及女:나와 너. 앞의 여는 백성들, 뒤의 여는 桀을 말함. 偕亡:함께 망함. 함께 없어짐. 民欲與之偕亡:백성들이 그와 함께 망하기를 바람. 雖:비록. 臺池鳥獸:대와 연못과 새와 짐승. 豈能獨樂哉:어찌 혼자서 즐길 수 있으랴.

【문 법】 於:전치사(~에). 亦:부사. 而:접속사(~하고서야). 此:대명사. 以:전치사. 而:접속사(~하되). 之歡樂之의 之는 대명사, 古之人의 之는 소유격 조사. 與之의 之는 대명사. 與:전치사. 時:대명사. 及:접속사. 雖:부사. 豈:부사. 豈~哉:반어법 강조형.

【뜻 풀이】 양혜왕(梁惠王)은 널리 천하에서 현자(賢者)들을 초빙하여 우대하고, 다음 글에서 보는 바와 같이 백성들의 생활 문제에도 얼마만큼 마음을 기울이고 있었기 때문에, 자기 자신을 현명한 군주로 자처하고 있었던 것이다. 연못가에서 한가히 거니는 자신의 모습을 문왕(文王)에 견주어 보면서, 자랑삼아 맹자에게 "어진 임금도 이런 것을 즐길 수 있는가?" 하고 말했던 것이다. 여기에서 맹자는 양혜왕의 비위를 조금도 거스르지 않고서 일침(一針)을 가하고 있다. 문왕(文王)은 능히 인의(仁義)의 정치를 베풀어 백성들을 자식처럼 사랑하고 돌봐 주었기 때문에, 백성들이 자진하여 동산과 연못을 만들어 주고, 왕은 백성들과 함께 그것을 즐길 수 있었던 것이다. 그런데 포악무도하기로 이름 높은 하(夏)의 마지막 임금인 걸(桀)은 "하늘에는 해가 있고 땅에는 내가 있을 뿐이다. 하늘의 해가 망하지 않는 한 나도 망하지 않는다."라고 장담하면서 폭정을 베풀었기 때문에, 백성들은 "저놈의 해는 언제나 없어지려나. 나와 네가 함께 망하자." 하고 그를 원망했었던 것이다. 이러고서야 아무리 아름다운 동산과 연못이 있다 한들 어찌 왕 혼자서야 그것을 즐길 수 있겠는가? 결국 백성들과 함께 즐길 수 있는 인의(仁義)의 정치를 베풀어야 한다고 강조한 것이다.

3

〈梁惠王 上〉

梁惠王曰 寡人之於國也 盡心焉耳矣. 河內凶則移
양 혜 왕 왈 과 인 지 어 국 야 진 심 언 이 의 하 내 흉 즉 이

其民於河東 移其粟於河內 河東凶亦然. 察隣國之
기 민 어 하 동 이 기 속 어 하 내 하 동 흉 역 연 찰 린 국 지

政 無如寡人之用心者 隣國之民不加少 寡人之民
정 무 여 과 인 지 용 심 자 인 국 지 민 불 가 소 과 인 지 민

不加多 何也. 孟子對曰 王好戰 請以戰喩. 塡然鼓
불 가 다 하 야 맹 자 대 왈 왕 호 전 청 이 전 유 전 연 고

之 兵刃旣接 棄甲曳兵而走 或百步而後止 或五十
지 병 인 기 접 기 갑 예 병 이 주 혹 백 보 이 후 지 혹 오 십

步而後止 以五十步笑百步 則何如. 曰 不可. 直不
보 이 후 지 이 오 십 보 소 백 보 즉 하 여 왈 불 가 직 불

百步耳 是亦走也. 曰 王如知此 則無望民之多於
백 보 이 시 역 주 야 왈 왕 여 지 차 즉 무 망 민 지 다 어

隣國也.
린 국 야

양혜왕(梁惠王)이 말하기를

"과인이 나라를 다스리며 마음을 다하고 있을 뿐이거니와, 하내(河內) 지방에 흉년이 들면 그곳 백성을 하동(河東) 지방으로 옮기며 곡식을 하내 지방으로 옮기고, 하동 지방에 흉년이 들면 역시 그런 방법으로 다스리고 있습니다. 그런데 이웃나라의 정치를 살펴보면 과인만큼 마음을 쓰는 이가 없는데, 이웃나라 백성이 더 적어지지 않고 과인의 백성이 더 많아지지 않음은 어찌 된 까닭이나이까?"

맹자께서 대답하시기를

"왕께서 전쟁을 좋아하시기에 청컨대 싸움으로써 비유해 말씀드리겠

나이다. 둥둥! 하고 북소리가 울려 창검을 맞대고 접전이 벌어지면, (약한 쪽 군사들은) 갑옷을 벗어 던지고 창검을 이끌고 달아나게 되나이다. 이때 어떤 병사는 백 보를 도망간 뒤에 멈추고, 또 어떤 병사는 오십 보를 도망간 뒤에 멈추어서, 오십 보 도망간 사람이 백 보 도망간 사람을 비웃는다면 어떠하나이까?"

왕이 말하기를

"옳지 않으니 다만 백 보가 아닐 뿐이지 이도 역시 도망간 것이나이다."

맹자께서 말씀하시기를

"왕께서 만일 이 이치를 아셨거든 백성이 이웃나라보다 많아지기를 바라지 마소서."

【글자 뜻】 寡:적을 과. 盡:다할 진. 耳:뿐 이(귀 이). 凶:흉년 흉(흉할 흉). 移:옮길 이. 粟:조 속. 察:살필 찰. 喩:비유할 유. 塡:북소리 전. 鼓:북 고. 兵:병기 병(병사 병). 刃:칼날 인. 接:접할 접. 棄:버릴 기. 甲:갑옷 갑. 曳:끌 예. 直:다만 직(곧을 직). 如: 만일 여(같을 여).

【말의 뜻】 寡人:제후가 자신을 낮추어 일컫는 말. 寡德之人의 뜻. 於國:나라를 다스림. 盡心焉耳:마음을 다하고 있을 뿐임. 河內·河東:지명. 凶:흉년이 듦. 粟:곡식. 亦然:역시 그렇게 함. 無如~:~만함이 없음. 用心者:마음을 쓰는 사람. 不加少:더 적어지지 않음. 以戰喩:전투를 가지고 비유함. 塡然:북소리가 울리는 모양. 鼓之:북을 울림. 兵刃:칼, 창과 같은 병기의 날. 接:맞붙음. 棄甲:갑옷을 벗어 내버림. 曳兵:병기를 끌고 감. 走:달아남. 도망감. 以五十步笑百步:五十步로 百步를 웃음. 오십 보 도망간 사람이 백 보 도망간 사람을 비겁

하다고 비웃음. 直不百步耳:다만 백 보 도망간 것이 아닐 뿐임. 無望:바라지 말라.

【문 법】寡人之於國也:之는 주격 조사, 於는 전치사. 焉:종결조사. 耳矣:한정종결조사. 於:전치사(~에, ~으로). 然:동사. 鼓之:之는 동사를 나타내는 조사. 而:접속사(~하고서, ~하여). 以:전치사. 則:접속사. 直:부사. 如:부사. 於:전치사(~보다).

【뜻 풀이】맹자는 이와 같은 비유를 잘 구사한 능변가였다. 앞에서 본 바와 같이 맹자가 양혜왕(梁惠王)에게 인의(仁義)의 정치를 권하자, 왕은 자기도 인의(仁義)로 백성을 다스려 보았지만, 인의(仁義)의 정치를 베풀지 않는 이웃나라 백성들이 인의(仁義)를 따라 자기에게로 몰려오지 않으니 정치에는 역시 인의(仁義)보다 이익을 도모하는 편이 낫다고 말한 것이다. 그러나 위정자란 평소에 늘 백성들을 사랑하여 그들에게 안락하게 살 수 있는 토대를 만들어 주어야 한다. 평소에는 백성들을 혹사하다가 흉년이나 들어야 겨우 굶어죽지 않도록 대책을 강구하는 것, 이런 정도를 가지고 스스로 인의(仁義)의 정치를 하고 있다고 자부하여 이웃 위정자들의 악정(惡政)을 비웃는다면, 이는 오십 보 도망간 주제에 백 보 도망간 사람을 겁쟁이라고 비웃는 것과 무엇이 다르랴!

4

〈梁惠王 上〉

五畝之宅 樹之以桑 五十者可以衣帛矣. 鷄豚狗彘
오 묘 지 택 수 지 이 상 오 십 자 가 이 의 백 의 계 돈 구 체

之畜 無失其時 七十者可以食肉矣. 百畝之田 勿奪
지 휵 무 실 기 시 칠 십 자 가 이 식 육 의 백 묘 지 전 물 탈

其時 數口之家可以無飢矣. 謹庠序之敎 申之以孝
기 시 수 구 지 가 가 이 무 기 의 근 상 서 지 교 신 지 이 효

悌之義 頒白者不負戴於道路矣. 七十者衣帛食肉
제 지 의 반 백 자 불 부 대 어 도 로 의 칠 십 자 의 백 식 육

黎民不飢不寒 然而不王者 未之有也.
여 민 불 기 불 한 연 이 불 왕 자 미 지 유 야

"다섯 이랑의 텃밭에 뽕나무를 심게 한다면 오십 먹은 사람들이 능히 비단옷을 입을 수 있을 것이며, 닭 · 돼지 · 개 · 큰 돼지 등 가축을 기르는 데 그 번식하는 시기를 놓치지 않게 한다면 칠십 먹은 노인들이 능히 고기를 먹을 수 있을 것이며, 백 이랑의 논밭을 농사짓는 데 그 농사일을 뺏지 않는다면 몇 식구의 가족들이 능히 굶주리는 일이 없을 것이며, 학교의 교육을 신중히 실시하여 부모에게 효도하고 어른에게 공손히 해야 하는 도리를 가르치게 한다면, 머리털이 희끗희끗한 늙은이들이 길에서 짐을 지거나 이고 다니는 일이 없을 것입니다. 칠십 먹은 노인들이 비단옷을 입고 고기를 먹으며, 백성들이 주리지 않고 헐벗지 않게 되고서, 그러고서도 왕노릇을 하지 못한 사람은 이제까지 없었나이다."

【글자 뜻】 畝:밭이랑 묘(무). 宅:집 택. 樹:심을 수(나무 수). 桑:뽕나무 상. 衣:입을 의(옷 의). 帛:비단 백. 鷄:닭 계. 豚:돼지 돈. 狗:개 구. 彘:큰돼지 체. 畜:기를 휵(축). 奪:뺏을 탈. 飢:주릴 기. 庠:학

교 상. 序:학교 서(차례 서). 申:거듭할 신(납 신). 悌:공경할 제. 頒:반쯤 셀 반(나눌 반). 負:질 부. 戴:일 대. 黎:검을 려.

【말의 뜻】 五畝:다섯 이랑. 一畝는 百步(一步는 六尺). 한 농부가 받는 택지. 宅:택지. 樹之以桑:뽕나무를 심게 함. 衣帛:비단옷을 입음. 無失其時:그 번식시키는 때를 잃지 않게 함. 百畝之田:한 농가에서 차지하는 私田. 數口:몇 식구. 謹:신중히 실시함. 庠序:학교. 지방학교. 申之:되풀이함. 頒白者:머리가 반쯤 센 사람. 半白者. 負戴:짐을 등에 지거나 머리에 임. 黎民:머리 검은 백성. 일반 백성들. 不飢不寒:배를 주리지 않고 추위에 떨지 않음. 然而:그러고서도. 不王:왕노릇을 하지 못함. 未之有也:이제까지 없었다.

【문 법】 樹之:之는 동사를 나타내는 조사. 以:전치사. 衣帛:衣는 동사. 申之:之는 동사를 나타내는 조사. 於:전치사(~에, ~에서). 然而:접속부사. 未之有也:之는 대명사(뜻이 가벼워 고르기 위한 조사의 역할을 함), 未는 부정사, 也는 종결조사.

【뜻 풀이】 이 대문은 앞글에 계속되는 맹자(孟子)의 말씀으로, 인의(仁義)야말로 정치의 근본임을 말하고 있다.

정치란 무엇보다도 백성들을 굶주리지 않고 헐벗지 않도록, 생활의 안정을 도모해 주어야 한다. 그리고 내 부모에게 효도하고 남의 부모를 공경하는 효제(孝悌)의 기풍을 일으켜야 한다. 효(孝)는 인(仁)의 근본이요, 제(悌)는 의(義)의 근본이기 때문이다.

사람이란 늙어지면, 비단옷이 아니면 따뜻하지 않고 고기가 아니면 배부르지 않은 법이다. 그러므로 왕은 백성들로 하여금 뽕나무를 심어 누에를 치도록 장려하고, 닭 · 개 · 돼지 등의 가축을 장려하여, 노인들이 비단옷을 입고 고기를 먹을 수 있도록 해야 한다는 것이다. 또 세금을 가볍게 하고 농번기에 부역을 시키지 말아 농사에 힘쓰게 함으로써, 가족들이 다 굶주리거나 헐벗지 않게 하여야 한다. 한편 학교의 교육을 실시하여 젊은이들로 하여금 사람의 도리를 깨닫게 한다면, 길거리에서 무거운 짐을 지거나 이고 다니는 노인들이 없게 될 것이다. 이와 같이 백성들의 생활이 넉넉하고 노인들이 비단옷을 입고 고기를 먹을 수 있는 인의(仁義)의 정치만 한다면, 나라는 절로 다스려지게 마련인 것이다.

5

〈梁惠王 上〉

曰 庖有肥肉 廏有肥馬 民有飢色 野有餓莩 此率
왈 포유비육 구유비마 민유기색 야유아표 차솔

獸而食人也. 獸相食且人惡之. 爲民父母行政 不
수이식인야 수상식차인오지 위민부모행정 불

免於率獸而食人 惡在其爲民父母也.
면어솔수이식인 오재기위민부모야

맹자(孟子)께서 말씀하시기를

“왕의 부엌에는 살찐 고기가 있고 마구간에는 살찐 말이 있으면서도, 백성들은 굶주린 기색이 있고 들판에는 굶어 죽은 시체가 뒹군다면, 이는 곧 짐승을 몰아다 사람을 뜯어먹게 한 것입니다. 짐승들끼리 서로 뜯어먹는 것도 또한 사람은 이를 미워하거늘, 하물며 백성의 부모가 되어 정치를 행하되 짐승을 몰아다 사람을 뜯어먹게 하는 데서 벗어나지 못한다면, 어찌 그를 백성의 부모라 할 수 있겠나이까?”

【글자 뜻】 庖:부엌 포. 肥:살찔 비. 廏:마구간 구. 餓:굶주릴 아. 莩:굶어죽을 표. 率:거느릴 솔. 獸:짐승 수. 且:또 차. 惡:미워할 오(악할 악). 惡:어찌 오.

【말의 뜻】 庖有肥肉:위정자의 부엌에 살찐 고기가 있음. 廏有肥 馬:위정자의 마구간에는 살찐 말이 매여 있음. 飢色:주린 기색. 餓莩:굶어죽은 시체. 率獸而食人也:짐승을 몰아다가 사람을 먹게 함. 獸相食:짐승끼리 서로 잡아먹음. 且:그것조차. 惡之:미워함. 行政:정치를 행함. 不免於:~에서 벗어나지 못함. 惡在:(오재)어디에 있으랴!

【문 법】 而:접속사(~하고서). 且:부사. 惡之:之는 대명사. 獸相食을

가리킴. 於:전치사(~에서). 惡在~也:강조를 위한 반어법. 惡는 何의 뜻.

【뜻 풀이】 맹자(孟子)가 양혜왕(梁惠王)에게 묘한 비유로 일침(一針)을 가한 말이다.

위정자는 호의호식(好衣好食)하며 짐승까지 살찌게 먹여 기르면서도 백성들을 굶주리고 헐벗게 정치를 한다면, 이는 짐승들로 하여금 백성들을 뜯어먹게 함과 다를 바가 없는 것이다.

6

〈梁惠王 上〉

老吾老 以及人之老 幼吾幼 以及人之幼 天下可運於掌.
노오로 이급인지로 유오유 이급인지유 천하가운어장

"내 집 노인을 노인으로 존경하여, 그 마음을 남의 집 노인에게까지 미치게 하고, 내 집 어린이를 어린이로 사랑하여 그 마음을 남의 집 어린이에게까지 미치게 한다면, 천하는 능히 손바닥 위에서 움직일 수 있나이다."

【글자 뜻】 幼:어린이 유. 運:움직일 운(운수 운). 掌:손바닥 장.

【말의 뜻】 老吾老:내 집 노인을 노인으로 공경함. 以:써. 그것으로. 幼吾幼:내 집 어린이를 어린이로 사랑함. 可運於掌:능히 손바닥에서 움직일 수 있음.

【문 법】 老吾老 · 幼吾幼:앞의 老와 幼는 동사. 以:접속부사. 於:전치사.

【뜻 풀이】 이 글은 맹자(孟子)가 양(梁)나라를 떠나 제(齊)나라로 가서 선왕(宣王)에게 인의(仁義)의 정치를 권한 대문이다.

왕 자신이 인의(仁義)의 어진 정치를 베풀어 솔선 수범해 효제(孝悌)와 사랑을 실천한다면, 모든 백성들까지도 내 부모를 존경하는 마음으로 남의 부모까지 존경하고, 내 자녀를 사랑하는 마음으로 남의 자녀까지 사랑하게 되어, 온 사회가 존경과 사랑에 넘치는 인의(仁義)의 사회가 될 것이다. 이렇게만 된다면 나라나 천하를 다스리는 일도 마치 손바닥 위에 놓고 자유자재로 움직일 수 있듯이 힘들이지 않고 다스릴 수 있다는 말이다.

제2장

공손추편
(公孫丑篇)

1

〈公孫丑 上〉

宋人有閔其苗之不長而揠之者. 芒芒然歸 謂其人
송 인 유 민 기 묘 지 불 장 이 알 지 자 망 망 연 귀 위 기 인

曰 今日病矣 予助苗長矣. 其子趨而往視之 苗則
왈 금 일 병 의 여 조 묘 장 의 기 자 추 이 왕 시 지 묘 즉

槁矣. 天下之不助苗長者寡矣.
고 의 천 하 지 불 조 묘 장 자 과 의

"송(宋)나라 사람 중에 자기 곡식이 싹이 빨리 자라지 않음을 걱정하여 그 싹을 뽑아 올린 사람이 있었다. 그는 피곤해 돌아가서 자기 집의 사람들에게 '오늘은 지쳤구나! 나는 싹이 빨리 자라도록 도와주었다'고 말하거늘, 그 아들이 급히 달려가서 보니 싹은 이미 말라 있었다. 이 세상에는 자기의 싹이 빨리 자라도록 도와주지 않는 사람이 거의 없느니라."

【글자 뜻】 閔:근심할 민. 苗:싹 묘. 長:자랄 장(긴 장). 揠:뽑을 알. 芒:피로할 망(까끄라기 망). 病:피로할 병(병들 병). 助:도울 조. 趨:빨리 갈 추(향할 추). 往:갈 왕. 視:볼 시. 槁:마를 고. 寡:적을 과.

【말의 뜻】 閔:걱정함. 不長:(부장)자라지 않음. 揠之:그 싹을 뽑아 올림. 芒芒然:피로한 모양. 其人:자기 집 식구. 病矣:지쳤다. 助苗長:싹이 자라도록 도와 줌. 趨而往:달려서 감. 視之:그 싹을 봄. 寡:적음. 별로 없음.

【문　법】 有閔其苗之不長而揠之者:有를 맨 나중에 새김. 其는 대명사(宋人), 앞의 之는 주격 조사, 而는 접속사(~하여서), 뒤의 之는 대명사(苗). 苗則槁矣:則은 강조의 뜻으로 쓰인 부사. 天下之:之는 어조를 고르기 위한 조사.

【뜻 풀이】 이 대문은 맹자(孟子)가 제자 공손추(公孫丑)에게 호연지기(浩然之氣-공명정대한 큰 기운)를 기르는 일에 대하여 설명한 가운데서 인용한 유명한 이야기이다. 사람이 자기의 덕이나 인격을 기르는 데는 오랜 시일에 걸쳐, 조급히 굴지 말고 꾸준히 길러 나가야 하는 것이다. 갑작스레 키우려고 무리하게 서둔다면, 이 이야기에서처럼 싹을 뽑아 올리는 결과가 될 것이다.

2

〈公孫丑 上〉

孟子曰 仁則榮 不仁則辱. 今惡辱而居不仁 是猶
맹 자 왈　인 즉 영　불 인 즉 욕　금 오 욕 이 거 불 인　시 유
惡濕而居下也.
오 습 이 거 하 야

맹자(孟子)께서 말씀하시기를

"어진 정치를 베풀면 번영하고, 어질지 못한 정치를 베풀면 치욕을 당하거니와, 이제 치욕 당함을 싫어하면서도 어진 정치를 실시하지 않는 것, 이것은 마치 습한 것을 싫어하면서도 낮은 땅에 처해 있음과 같은 것이니라."

【글자 뜻】 榮:번영할 영(영화 영). 辱:욕될 욕. 惡:싫어할 오(악할 악, 미워할 오).

【말의 뜻】 仁則榮:인정을 베풀면 번영함. 不仁則辱:악정을 베풀면 치욕을 당함. 惡辱而居不仁:치욕을 싫어하면서도 不仁에 처해 있음. 是猶:이것은 마치 ~과 같다. 惡濕而居下:습한 것을 싫어하면서도 낮은 땅에 처해 있음.

【문　법】 則:접속부사. 今:부사. 而:접속사(~하면서도). 是:대명사. 猶:부사(마치 ~와 같다).

【뜻 풀이】 위정자가 백성을 사랑하는 어진 정치를 베풀면 백성들은 마음으로부터 이에 따라 나라는 절로 번영한다. 그러나 위정자가 악정을 베푼다면 민심이 외면하여 나라는 쇠퇴하고 위정자는 치욕을 당한다. 이것은 자연의 이치인 것이다. 그런데도 위정자가 치욕을 당할 것을

싫어하면서도 악정을 베풀고 있음은, 마치 습한 데 밟기를 싫어하면서도 낮은 땅의 늪을 딛고 섰음과 같은 것이다. 어찌 위정자만이 그러하랴! 사람은 누구나 인(仁)하면 번영하고 악하면 욕을 당하게 마련이니, 인(仁)에서 벗어날 수 있으랴!

3

〈公孫丑 上〉

孟子曰 人皆有不忍人之心. 先王有不忍人之心 斯
맹 자 왈 인 개 유 불 인 인 지 심 선 왕 유 불 인 인 지 심 사
有不忍人之政矣. 以不忍人之心 行不忍人之政 治
유 불 인 인 지 정 의 이 불 인 인 지 심 행 불 인 인 지 정 치
天下可運之掌上. 所以謂人皆有不忍人之心者 今
천 하 가 운 지 장 상 소 이 위 인 개 유 불 인 인 지 심 자 금
人乍見孺子將入於井 皆有怵惕惻隱之心 非所以
인 사 견 유 자 장 입 어 정 개 유 출 척 측 은 지 심 비 소 이
內交於孺子之父母也 非所以要譽於鄕黨朋友也
납 교 어 유 자 지 부 모 야 비 소 이 요 예 어 향 당 붕 우 야
非惡其聲而然也. 由是觀之 無惻隱之心 非人也
비 오 기 성 이 연 야 유 시 관 지 무 측 은 지 심 비 인 야
無羞惡之心 非人也 無辭讓之心 非人也 無是非之
무 수 오 지 심 비 인 야 무 사 양 지 심 비 인 야 무 시 비 지
心 非人也. 惻隱之心 仁之端也. 羞惡之心 義之端
심 비 인 야 측 은 지 심 인 지 단 야 수 오 지 심 의 지 단
也 辭讓之心 禮之端也 是非之心 智之端也.
야 사 양 지 심 예 지 단 야 시 비 지 심 지 지 단 야

맹자(孟子)께서 말씀하시기를

“사람은 누구나 남에게 차마 하지 못하는 어진 마음이 있느니라. 옛날의 어진 임금들은 이 남에게 차마 하지 못하는 어진 마음을 지니고 있었기 때문에, 백성들에게 차마 하지 못하는 어진 정치를 베풀었던 것이니, 남에게 차마 하지 못하는 어진 마음으로써 백성에게 차마 하지 못하는 어진 정치를 행한다면, 천하를 다스리는 일은 손바닥 위에서 이를 움직일 수 있느니라.

‘사람은 누구나 남에게 차마 하지 못하는 어진 마음을 지니고 있다.’ 고

하는 까닭은 이러하다. 이제 사람들이 갑자기 어린아이가 우물에 빠지려 하는 것을 보았다면 누구나 다 놀라고 불쌍히 여기는 마음이 일어나거니와 (그래서 달려가 그를 구해내려 하거니와), 이 마음은 그 어린아이의 부모에게 가까이 교제하기 위해서도 아니며, 마을 사람들과 벗들에게 칭찬을 받기 위해서도 아니며, (구해내지 않으면) 그 원망의 소리를 듣기 싫어서 그렇게 하는 것도 아니니라. 이런 사실에 의거해서 살펴본다면, 불쌍히 여기는 마음이 없다면 사람이 아니며, 부끄러워할 줄 아는 마음이 없다면 사람이 아니며, 남에게 사양하는 마음이 없다면 사람이 아니며, 옳고 그름을 판단할 줄 아는 마음이 없다면 사람이 아니니라. 불쌍히 여기는 마음은 인(仁)의 단서요, 부끄러워하는 마음은 의(義)의 단서요, 사양하는 마음은 예(禮)의 단서요, 옳고 그름을 아는 마음은 지(智)의 단서이니라."

【글자 뜻】 忍:참을 인. 斯:이 사. 乍:잠깐 사. 孺:어릴 유. 井:우물 정. 怵:두려워할 출. 惕:두려워할 척. 惻:슬플 측. 隱:불쌍히 여길 은(숨을 은). 內:들일 납(안 내). 譽:기릴 예. 鄕:고향 향. 黨:마을 당(무리 당). 惡:싫어할 오(악할 악). 由:말미암을 유. 觀:볼 관. 羞:부끄러울 수. 惡:부끄러워할 오(악할 악, 미워할 오). 辭:사양할 사(말씀 사). 讓:사양할 양. 是:옳을 시(이 시). 非:그를 비(아닐 비). 端:끝 단. 智:지혜 지.

【말의 뜻】 不忍人之心:남에게 차마 못하는 선한 마음. 先王:古代의 어진 임금. 斯:이에. 不忍人之政:백성들에게 차마 악함을 못하는 어진 정치. 可運之:그것을 움직일 수 있음. 所以:까닭. 今:이제. 여기에. 乍見:갑자기 봄. 孺子:어린아이. 將入於井:우물에 빠지려 함. 怵惕:놀라 두려워하는 모양. 惻隱之心:불쌍히 여기는 마음. 內交:교제

하기를 구함. 要譽:칭찬받기를 바람. 惡其聲:원성 듣기를 싫어함. 然也:그렇게 함. 구원해 냄. 由是觀之:이것에 의해서 관찰함. 羞惡之心:부끄러워하는 마음. 辭讓之心:남에게 사양하는 마음. 是非之心:옳고 그름을 판단하는 마음. 端:단서. 실마리.

【문 법】以:전치사(~로써). 皆 · 斯 · 今 · 乍 · 將 · 皆 · 怵惕은 다 부사. 不忍人之心 · 不忍人之政 · 惻隱之心 · 羞惡之心 · 辭讓之心 · 是非之心의 之는 명사에 붙는 수식어를 나타내는 조사. 可運之掌上之는 治天下를 가리키는 대명사. 可運之於掌上. 所以謂~者所以는 원인을 나타내는 명사, 者는 명사형을 만드는 조사(것). 入於井~:於는 전치사(~으로).

【뜻 풀이】이 글은 맹자(孟子)의 유명한 사단론(四端論)이다. 사람은 누구나 차마 그렇게 못하는 어진 마음을 타고났다. 딱한 처지에 있는 사람을 보면 측은히 여겨지는 마음, 자신의 잘못을 부끄러워할 줄 아는 마음, 다른 사람에게 양보하는 마음, 그리고 일의 옳고 그름과 선하고 악함을 판단할 줄 아는 마음이 그것이다. 남을 가엾게 여기는 마음은 사랑이니 이는 곧 인(仁)이요, 자신의 옳지 못함을 부끄러워하는 마음은 정의(正義) 때문이니 이는 곧 의(義)요, 남에게 사양하는 마음은 공경이니 이는 곧 예(禮)요, 시비(是非)와 선악(善惡)을 분별하는 마음은 이성(理性)이니 이는 곧 지(智)이다. 이와 같은 사단론(四端論)은 그의 성선설(性善說)의 근거가 되고 있다. 그리고 우리가 타고난 이 네 가지의 어진 마음은 마치 타오르기 시작하는 불길이나 치솟기 시작하는 샘물과 같아서, 누구나 자신이 이를 키워나가기만 하면 걷잡을 수 없는 기세로 자라나지만, 욕심이나 악한 마음으로 이를 막아 버리면 자라나지 못하고 말라 버리는 것이다.

4

〈公孫丑 上〉

孟子曰 矢人豈不仁於函人哉. 矢人惟恐不傷人 函
맹 자 왈 시 인 기 불 인 어 함 인 재 시 인 유 공 부 상 인 함

人惟恐傷人. 巫匠亦然. 故術不可不愼也. 孔子曰
인 유 공 상 인 무 장 역 연 고 술 불 가 불 신 야 공 자 왈

里仁爲美 擇不處仁 焉得智. 夫仁 天之尊爵也 人
이 인 위 미 택 불 처 인 언 득 지 부 인 천 지 존 작 야 인

之安宅也 莫之禦而不仁 是不智也.
지 안 택 야 막 지 어 이 불 인 시 부 지 야

맹자(孟子)께서 말씀하시기를

"화살 만드는 사람이 어찌 갑옷 만드는 사람보다 인(仁)하지 못할까마는, 화살 만드는 사람은 오직 (자기가 만든 화살이) 사람을 상하게 하지 못할까 두려워하고, 갑옷 만드는 사람은 오직 (자기가 만든 갑옷이) 사람을 상하게 할까 두려워하거니와, 무당과 관 짜는 목수의 관계도 또한 그러하다. 그러므로 직업이란 삼가 선택하지 않을 수 없느니라. 공자께서도 말씀하시기를 '마을은 인(仁)한데 사는 것이 좋으니, 인(仁)한 곳을 가리어 살지 않는다면 어찌 지혜로운 사람일 수 있으랴!' 라고 말씀하셨다. 대저 인(仁)이란 하늘이 준 높은 지위이며, 사람이 살 편안한 집이거늘, 아무도 막는 사람이 없는데도 인(仁)하지 못하다면 이는 지혜롭지 못한 것이니라."

【글자 뜻】 矢:화살 시. 豈:어찌 기. 函:갑옷 함(상자 함). 惟:오직 유. 恐:두려워할 공. 傷:상할 상. 巫:무당 무. 匠:관 목수 장(장인 장). 術:직업 술(꾀 술). 愼:삼갈 신. 擇:가릴 택. 焉:어찌 언. 夫:대저 부

(지아비 부). 尊:높을 존. 爵:벼슬 작. 宅:집 택. 莫:없을 막(말 막). 禦:막을 어.

【말의 뜻】矢人:화살 만드는 사람. 豈不~哉:어찌~하지 않으랴. 函人:갑옷 만드는 사람. 惟恐不傷人:오직 사람을 상하게 하지 못할까 두려워함. 惟恐傷人:오직 사람을 상하게 할까 두려워함. 巫匠亦然:무당과 장의사와의 관계도 그렇다. 곧 무당은 병을 나으라고 비는 직업이고 장의사는 사람이 많이 죽어야 잘 되는 직업이다. 術不可不愼:직업의 선택은 삼가지 않을 수 없음. 孔子曰 〈論語〉(제4편 里仁篇)에 있는 말. 里仁爲美:마을이 仁한 데 사는 것이 좋음. 擇不處仁:가려서 仁한 데 살지 않음. 焉得智:어찌 지혜로울 수 있으랴. 夫:대저. 天之尊爵:하늘이 준 존귀한 벼슬. 人之安宅:사람이 살 편안한 집. 莫之禦:이를 막지 않음.

【문 법】豈:부사. 豈不~哉는 강조를 위한 반어형. 於:전치사(~보다). 惟:부사. 不可不:이중 부정. 焉:부사. 夫:말 첫머리에 쓰이는 부사(발어사). 莫之禦:莫禦之의 도치형. 而:접속사(~하는데도). 是:대명사. 不仁을 가리킴.

【뜻 풀이】사람이 인(仁)을 가리어 이에 살아야 함을 묘한 비유로 강조하고 있다. 화살을 만드는 사람이나 갑옷을 만드는 사람이나 본래 타고난 마음이 선하기는 마찬가지이다. 그러나 화살 만드는 사람은 자기가 만든 화살이 갑옷을 뚫고 사람을 잘 상하게 할 수 있도록 공들여 만들고, 갑옷을 만드는 사람은 어떤 화살이라도 막아내어 사람이 상하지 않도록 정성껏 만든다. 또 무당이나 의사는 병을 잘 고쳐 사람을 살려내야 하지만 관을 만들어 파는 장의사는 사람이 많이 죽어야 사업이 번영한다. 이래서 직업의 선택이 중요한 것이다. 공자께서도 '지

혜로운 사람은 인(仁)을 가리어 산다' 고 말씀했거니와, 인(仁)이란 하늘이 모든 사람에게 준 높은 지위이며, 사람이 가장 편안히 살 수 있는 집이다. 더구나 아무도 인(仁)에 살지 못하도록 막아내는 사람이 없는 데도 인(仁)을 버리고 악에서 산다면, 어찌 지혜로운 사람이라 할 수 있으랴!

5

〈公孫丑 下〉

孟子曰 天時不如地利 地利不如人和.〈中略〉得道者多助 失道者寡助. 寡助之至 親戚畔之 多助之至 天下順之. 以天下之所順 攻親戚之所畔. 故君子有不戰 戰必勝矣.

맹자왈 천시불여지리 지리불여인화 득도자다조 실도자과조 과조지지 친척반지 다조지지 천하순지 이천하지소순 공친척지소반 고군자유부전 전필승의

맹자(孟子)께서 말씀하시기를

"좋은 시기는 좋은 지리적 조건만 못하고, 좋은 지리적 조건은 국민의 협력만 못하니라.〈중략(中略)〉

도를 얻어 어진 정치를 베푸는 사람은 도와주는 사람이 많고, 도를 잃어 악한 정치를 하는 사람은 도와주는 사람이 적은 법이니, 도와주는 사람이 가장 적은 경우에는 친척까지 배반하고, 도와주는 사람이 가장 많은 경우에는 온 천하가 다 그를 따르느니라. 온 천하가 따르는 바로써 친척까지 배반하는 바를 공격하는지라, 그러므로 군자는 전쟁을 하지 않음은 있을지언정 싸우면 반드시 이기느니라."

【글자 뜻】 助:도울 조. 失:잃을 실. 寡:적을 과. 至:지극할 지. 戚:겨레 척. 畔:배반할 반. 攻:칠 공.

【말의 뜻】 天時:하늘이 준 좋은 시기. 곧 시간과 기후의 좋은 조건. 不如:~만 못하다. 地利:지리적인 좋은 조건. 人和:사람들이 화합함. 국민의 총화 단결. 得道者仁:道를 얻은 사람. 仁政을 베푸는 임금. 多

助:돕는 사람이 많음. 失道者仁:道를 잃은 사람. 惡政을 베푸는 임금. 寡助:돕는 사람이 적음. 至:지극할 지. 畔之:배반함. 順之:순종함.

【문 법】畔之 · 順之의 之는 대명사. 以:전치사. 故:접속부사. 必:부사.

【뜻 풀이】이 글은 맹자(孟子)의 전쟁론이다. 당시 제후들은 모두가 천시(天時)나 지리(地利)를 이용하여 무력으로 전쟁할 줄만 알았다. 그러나 무엇보다도 중요한 것은 국민이 일치 협력하는 총화 단결이다. 그리고 이 국민의 총화란 어진 정치를 베풀어 국민들이 마음으로부터 그를 따르고 도와주어야만 이루어질 수 있는 것이다. 악정을 베푸는 것이 극단에 이르면 친척까지 그를 배반하고, 선정을 베푸는 것이 극단에 이르면 한 사람의 국민도 그를 배반함이 없이 순종하게 되는 것이다.

온 국민이 총화 단결된 큰 힘을 가지고 친척까지 배반하는 약한 힘을 공격한다면, 그 결과가 어떻게 되겠는가? 그러므로 인화(人和)를 이룬 사람은 차라리 피비린내 나는 전쟁을 애당초 일으키지 않는 경우는 있을지언정, 싸우기만 하면 반드시 승리하게 마련인 것이다. '天時不如地利 地利不如人和' 는 유명한 말씀이거니와, 비단 전쟁뿐만 아니라 모든 사회 생활에도 가장 중요한 것이 '인화(人和)' 라 하겠다.

제3장

등문공편

(滕文公篇)

1

〈滕文公 上〉

民之爲道也 有恒産者有恒心 無恒産者無恒心. 苟
민 지 위 도 야 유 항 산 자 유 항 심 무 항 산 자 무 항 심 구
無恒心 放辟邪侈 無不爲已. 及陷乎罪然後從而刑
무 항 심 방 벽 사 치 무 불 위 이 급 함 호 죄 연 후 종 이 형
之 是罔民也. 焉有仁人在位 罔民而可爲也.
지 시 망 민 야 언 유 인 인 재 위 망 민 이 가 위 야

"백성들이 살아가는 방도란 일정한 생활 근거가 있는 사람은 변함없는 마음을 지니고, 일정한 생활 근거가 없는 사람은 변함없는 마음을 지니지 못하는 법이니, 만일 변함없는 마음을 지니지 못하게 되면, 방탕 · 편벽 · 사악 · 사치 등 하지 않는 짓이 없게 될 것이니, 그들이 죄에 빠진 뒤에 이르러서야 따라가 형벌을 준다면, 이는 곧 백성들을 그물질하는 것이니, 인(仁)한 사람이 임금자리에 있으면서, 백성들을 그물질하는 짓을 할 수 있으리오!"

【글자 뜻】 恒:항상 항. 産:업 산(낳을 산). 苟:진실로 구. 放:방탕할 방(놓을 방). 辟:편벽될 벽. 邪:간사할 사. 侈:사치할 치. 已:따를 이. 陷:빠질 함. 罔:그물 망(없을 망). 網과 같음. 焉:어찌 언.

【말의 뜻】 爲道:방도로 삼음. 恒産:일정한 생활 근거(生業). 恒心:변치 않는 일정한 마음. 苟:진실로. 만일. 放辟邪侈:방탕 · 편벽 · 사악 · 사치. 無不爲:하지 않음이 없음. 陷乎罪:죄에 빠짐. 從而刑之:뒤따라가 형벌을 줌. 罔民:백성을 그물질함. 焉有:어찌 있으랴.

【문 법】 民之爲道:之는 주격 조사. 苟:부사. 無不爲已:無不은 이중 부정, 已는 단정을 나타내는 조사. 及:전치사. 乎:전치사(~에). 於와

같음. 然後:접속부사. 從而刑之:而는 접속사(~하여), 之는 대명사. 從之而刑之의 생략형. 是:대명사. 焉:부사(어찌). 罔民而可爲:而는 접속사(~면서), 可爲罔民의 도치형.

【뜻 풀이】 이 글은 등(滕)나라 문공(文公)이 나라 다스리는 법을 묻자, 맹자께서 한 말씀이다.

학문과 덕을 닦아 인격이 수양된 사람이라면, 아무리 가난한 처지에 있을지라도 사람다운 올바른 마음을 잃지 않는다. 그러나 일반 백성들이란 우선 생활이 안정된 뒤에야 도리를 지킬 수 있지, 생활이 곤궁해지면 온갖 악을 저지르게 마련인 것이다. 그러므로 국민들의 생활 안정을 이루어 줌이 정치의 제 일조라 하겠다. 만일 위정자가 국민의 생활을 돌보지 않아, 그들이 죄를 범한 뒤에 그들을 잡아 벌을 준다면, 이는 마치 백성들을 그물질하여 잡는 것과 무엇이 다르랴! 이 대문은 제1편 양혜왕 상 제7장에도 실려 있는 유명한 글이다.

2

〈滕文公 上〉

父子有親 君臣有義 夫婦有別 長幼有序 朋友有信.
부 자 유 친 군 신 유 의 부 부 유 별 장 유 유 서 붕 우 유 신

"아버지와 아들 사이에는 친애함이 있어야 하며, 임금과 신하 사이에는 의리가 있어야 하며, 남편과 아내 사이에는 구별이 있어야 하며, 어른과 손아래 사람 사이에는 차례가 있어야 하며, 벗과 벗 사이에는 신의가 있어야 하느니라."

【글자 뜻】 親:친할 친(어버이 친). 別:다를 별(이별 별). 長:어른 장(길 장). 幼:어릴 유. 序:차례 서.

【말의 뜻】 父子有親:아버지와 아들 사이에는 친밀함이 있어야 함. 君臣有義:임금과 신하 사이에는 의리가 있어야 함. 夫婦有別:남편 아내 사이에는 구별됨이 있어야 함. 長幼有序:나이가 많고 적음에는 차례가 있어야 함. 朋友有信:벗들 사이의 사귐에는 신의가 있어야 함.

【뜻 풀이】 이것이 유명한 오륜(五倫)이니, 오륜이란 사람이 지켜야 할 다섯 가지 도리란 뜻이다.

- **부자유친(父子有親)** — 부모와 자녀 사이는 혈연(血緣)으로 맺어진 가장 가까운 사이이니, 부모는 마땅히 자녀를 사랑해야 하고, 자녀는 부모를 효도로 섬겨야 하는 것이다.
- **군신유의(君臣有義)** — 임금과 신하 사이는 명령과 복종의 관계이다. 따라서 위정자는 백성을 다스리되 사랑으로써 다스려야 하고, 백성은

임금을 섬기되 충성으로써 보답해야 하는 것이니, 이것이 임금과 백성 사이에 지켜야 할 의리인 것이다.

- **부부유별(夫婦有別)** — 부부는 인간 관계의 근본이다. 따라서 일단 부부 관계를 맺은 사람은 다른 남녀와 관계를 맺지 말아, 마음과 마음이 사랑으로써 굳게 하나로 뭉쳐져야 한다. 그러나 남편이 할 일과 아내의 할 일이 구별되어 있으니, 남편은 주로 바깥일에 종사하여 집안의 경제를 조달하고, 아내는 주로 집안에서 살림을 다스리며 자녀를 낳아 길러야 한다. 남존여비(男尊女卑)의 사상은 여기에서 나온 것이다.
- **장유유서(長幼有序)** — 나이가 많은 사람은 나이가 적은 사람을 사랑으로 이끌어주고, 어린 사람은 어른을 공경하는 마음으로 받아들여야 한다. 음식도 어른이 먼저 드신 뒤에 따라서 들고, 길을 걸을 때도 어른의 뒤를 따라가야 하는 것이다.
- **붕우유신(朋友有信)** — 벗과의 사귐에는 서로 진실한 믿음이 있어야 한다. 벗의 좋은 점은 이를 본받아 내 몸을 닦아야 하고, 벗의 잘못된 점은 진심에서 우러나는 우정으로 충고하여 일깨워 주어야 한다.

이와 같은 오륜의 사상은 과거 봉건주의의 사회 질서를 위한 도덕 규범이었으므로 오늘날에는 적합하지 않은 점이 많지만, 인간성이 상실되어 상호불신(相互不信)의 풍조가 휩쓸고 있는 오늘날 우리에게 많은 교훈과 각성을 주고 있다.

3

〈滕文公 下〉

居天下之廣居 立天下之正位 行天下之大道 得志
거 천 하 지 광 거 입 천 하 지 정 위 행 천 하 지 대 도 득 지
與民由之. 不得志 獨行其道 富貴不能淫 貧賤不
여 민 유 지 부 득 지 독 행 기 도 부 귀 불 능 음 빈 천 불
能移 威武不能屈 此之謂大丈夫.
능 이 위 무 불 능 굴 차 지 위 대 장 부

"천하의 넓은 집(仁)에 살며, 천하의 올바른 자리(禮)에 서며, 천하의 큰길(義)을 걸어가, 뜻을 얻으면 백성들과 더불어 자기 뜻을 실천하고, 뜻을 얻지 못하면 홀로 자기의 도(道)를 행하여, 부귀도 그의 마음을 어지럽히지 못하고, 빈천도 그의 뜻을 변하게 하지 못하며, 위력과 무력도 그의 뜻을 꺾지 못하는 사람, 이런 사람을 대장부라고 하느니라."

【글자 뜻】 居:살 거. 집 거. 由:행할 유(말미암을 유). 淫:어지럽힐 음(음란할 음). 移:옮길 이. 威:위엄 위. 武:군사 무. 屈:굽힐 굴.

【말의 뜻】 天下之廣居:천하의 넓은 집. 仁을 가리킴. 天下之正位:천하의 올바른 자리. 禮를 가리킴. 天下之大道:천하의 큰길. 義를 가리킴. 與民由之:백성들과 더불어 이를 행함. 不得志:(부득지)뜻을 얻지 못함. 獨行其道:홀로 자기의 道를 행함. 富貴不能淫:부귀도 그의 뜻을 어지럽히지 못함. 貧賤不能移:빈천도 그의 뜻을 옮겨 변하게 하지 못함. 威武不能屈:위력과 무력도 그의 뜻을 굽히게 하지 못함. 此之謂:이를 ~라 한다.

【문 법】 居위의 居는 동사, 아래 居는 명사. 之:소유격 조사. 與民由之:與는 전치사, 之는 대명사(志를 가리킴). 其:대명사. 此之謂:此는

대명사(목적어), 之는 목적어 밑에 붙은 조사.

【뜻 풀이】 '맹자(孟子)'의 글이 대개 그렇지만, 이 글은 스케일이 크고 표현이 웅장하며 격조(格調)가 높은 문장이라 하겠다. 인(仁)은 사람마다 지니고 살아야 하는 마음이므로 온 천하 사람이 다 들어가 살아도 될 만한 넓은 집이라 했고, 예(禮)는 누구나 딛고 서야 할 자리이기 때문에 천하에서 가장 바른 자리라 했으며, 의(義)란 누구나 걸어가야 할 올바른 길이므로 온 천하 사람이 다 걸어갈 수 있을 만큼 큰길이라 표현한 것이다. 어진 마음을 지니고, 예의를 딛고 일어서며, 정의(正義)의 대도(大道)를 꿋꿋이 걸어가는 사람, 높은 벼슬자리나 많은 재물에도 마음이 흔들리지 않고, 아무리 가난하고 비천해도 불의와 타협하지 않으며, 아무리 권세와 무력으로 위협해도 자신의 지조(志操)를 굽히지 않고 정의에 사는 사람, 이런 사람이라야 대장부라 할 수 있는 것이다.

4

〈滕文公 下〉

戴盈之曰 什一 去關市之征 今玆未能 請輕之 以待來年然後已 何如. 孟子曰 今有人日攘其隣之鷄者或告之曰 是非君子之道. 曰 請損之 月攘一鷄 以待來年然後已. 如知其非義 斯速已矣 何待來年.

대영지왈 십일 거관시지정 금자미능 청경지 이대래년연후이 하여 맹자왈 금유인일양기린지계자 혹고지왈 시비군자지도 왈 청손지 월양일계 이대래년연후이 여지기비의 사속이의 하대래년

대영지(戴盈之)가 말하기를

“십일제(制)의 세금을 실시함과 통관세와 시장세를 폐지하는 일은 지금 당장에는 할 수가 없으니, 청컨대 이를 가볍게 하였다가 내년을 기다려서 폐지하면 어떻겠습니까?”

이에 맹자께서 말씀하시기를

“여기에 날마다 자기 이웃집 닭을 훔치는 사람이 있다 합시다. 어떤 사람이 그에게 충고하기를 ‘그것은 군자의 도리가 아니오.’ 하자 그가 말하기를, ‘청컨대 그 수효를 줄여 한 달에 닭 한 마리씩만 훔치고, 내년까지 기다린 뒤에 그만두겠소.’ 했다 합시다. 만일 그것이 옳지 못한 것임을 알았다면 당장에 빨리 그만두어야 하나니, 어찌 내년까지 기다릴 까닭이 있겠나이까?”

【글자 뜻】 戴:일 대. 盈:찰 영. 什:열 십. 去:버릴 거(갈 거). 關:관문 관(관할 관). 市:저자 시. 征:세금 정(정벌할 정). 玆:이 자. 待:기다릴 대. 已:말 이(이미 이). 攘:훔칠 양. 損:덜 손(손될 손). 如:만일 여

(같을 여). 斯:이 사. 速:빠를 속.

【말의 뜻】 戴盈之:宋의 大夫. 什一:수확의 십분의 일을 거두는 조세법. 去:폐지함. 關市之征:통관세와 시장세. 今茲:지금 곧. 今有人:~여기에 ~한 사람이 있다 하자. 或:어떤 사람. 告之:그에게 고함. 是非君子之道:그것은 군자의 도리가 아니다. 損之:그 수량을 줄임. 如:만일. 非義:옳은 일이 아님. 不義. 斯:이에. 곧. 速已:빨리 그만둠. 何待來年:어찌 내년까지 기다리랴.

【문 법】 輕之 · 告之 · 損之:之는 대명사, 그밖의 之는 소유격 조사. 請 · 茲 · 如 · 斯:부사. 以:전치사. 然後:접속사. 今:부사(발어사). 是 · 其:대명사. 何:의문부사. 何待來年:반어형.

【뜻 풀이】 맹자(孟子)는 이와 같은 비유를 많이 구사했다. 자신의 잘못을 깨달았다면 빨리 고치기에 힘쓸 일이다. 십일제란 자기 나라 백성들에게 부과하는 세금이고, 통관세와 시장세는 다른 나라 상인들에게 물리는 세금이었다. 중국 고대의 세제(稅制)는 원래 1할을 징수하는 십일제였으나, 춘추 시대(春秋時代) 이후 사회가 어지러워지면서 각 제후들은 마음대로 무거운 세금을 징수했던 것이다. 어진 정치를 베풀기 위해서는 무엇보다도 국민의 생활을 안정시켜 주어야 하며, 그러기 위해서는 세금을 가볍게 해 주도록 힘써야 하는 것이다.

제4장

이루편

(離婁篇)

1

〈離婁 上〉

惟仁者宜在高位 不仁而在高位 是播其惡於衆也.
유 인 자 의 재 고 위 불 인 이 재 고 위 시 파 기 악 어 중 야

"오직 인(仁)한 사람이라야 마땅히 높은 지위에 있어야 하나니, 만일 인(仁)하지 못하면서 높은 지위에 있다면, 이는 곧 그 악함을 민중에게 뿌리는 것이니라."

【글자 뜻】 惟:오직 유. 宜:마땅 의. 播:뿌릴 파. 衆:무리 중.

【말의 뜻】 宜在高位:마땅히 높은 지위에 있어야 함. 播其惡於衆:그의 악함을 백성들에게 뿌림.

【문 법】 惟·宜:부사. 而:접속사(~하고서) 是·其:대명사. 於:전치사(~에게).

【뜻 풀이】 윗사람이 선하면 아랫사람들은 따라서 선해지고, 윗사람이 정의를 존중하면 아랫사람들은 자연히 부정과 불의를 저지르지 않게 마련이다. 그러나 윗사람이 악하다면 아랫사람들은 따라서 부정과 불의를 저지르게 되는 것이니, 이는 마치 윗사람이 그의 악의 씨를 아랫사람들에게 뿌림과 같은 것이다.

2

〈離婁 上〉

今惡死亡而樂不仁 是猶惡醉而强酒.
금 오 사 망 이 악 불 인 　시 유 오 취 이 강 주

"지금 세상 사람들은 죽고 망함을 싫어하면서도 악을 즐겨 행하고 있거니와, 이는 마치 술에 취하기를 싫어하면서도 억지로 술을 마시는 것과 같으니라."

【글자 뜻】 惡:싫어할 오(악할 악). 亡:망할 망. 猶:같을 유(오히려 유). 醉:취할 취. 强:억지로할 강(강할 강).

【말의 뜻】 今:지금 세상. 惡死亡而樂不仁:죽고 망함을 싫어하면서도 악을 즐김. 猶:마치 ~함과 같다. 惡醉而强酒:취하기를 싫어하면서도 술을 억지로 마심.

【문 법】 而:접속사(~하면서도). 是:대명사. 猶:부사. 惡·樂·强:동사.

【뜻 풀이】 인(仁)하면 흥하고 악하면 망하는 것은 하늘의 이치이다. 그런데 세상 사람들은 흥하기를 바라면서도 악을 저지르고 있다. 이는 술에 취하기를 싫어하는 사람이 억지로 술을 퍼마심과 무엇이 다르랴? 콩을 심으면 콩이 열리고 참외 씨를 심으면 참외가 달리지 아니하는가? 선의 씨앗을 뿌리면 경사가 오고, 악의 씨를 뿌리면 반드시 언젠가는 재앙이 닥쳐오게 마련이다.

3

〈離婁 上〉

孟子曰 天下有道 小德役大德 小賢役大賢 天下
맹 자 왈 천 하 유 도 소 덕 역 대 덕 소 현 역 대 현 천 하
無道 小役大 弱役强. 斯二者天也. 順天者存 逆
무 도 소 역 대 약 역 강 사 이 자 천 야 순 천 자 존 역
天者亡.
천 자 망

맹자(孟子)께서 말씀하시기를

"천하에 도가 있으면 덕이 적은 사람이 덕이 높은 사람에게 부려지고, 적게 현명한 사람이 크게 현명한 사람에게 부려지며, 천하에 도가 없으면 작은 것이 큰 것에 부려지고, 약한 것이 강한 것에 부려지거니와, 이 두 가지는 하늘의 이치인 것이다. 하늘의 이치에 순종하는 사람은 생존하고, 하늘의 이치를 거스르는 사람은 멸망하느니라."

【글자 뜻】 役:부림받을 역(부릴 역). 斯:이 사. 存:있을 존. 逆:거스를 역.

【말의 뜻】 天下有道:세상에 정도가 행하여짐. 小德:덕이 적은 사람. 役大德:덕이 많은 사람에게 부림을 받음. 天下無道:세상에 정도가 행하여지지 않음. 어지러운 사회. 小役大:작은 나라가 큰 나라의 부림을 받음. 天:하늘의 이치. 天理. 順天者存:하늘의 이치를 순종하는 사람은 생존함. 逆天者亡:하늘의 이치를 거스르는 사람은 멸망함.

【문　법】 役:수동(役於의 뜻). 斯:대명사.

【뜻 풀이】 세상에 인의(仁義)로 다스려져 정의가 실현되는 때에는 덕이

높고 현명한 사람이 덕이 적고 현명하지 못한 사람들을 다스린다. 그러나 세상이 어지러워 질서가 없는 때에는 비록 덕과 현명함이 적을지라도 세력이 크고 힘이 강한 사람이, 세력이 적고 약한 사람을 지배하게 된다. 이것은 하늘의 이치요, 자연의 법칙이다. 그러므로 이 법칙에 따르는 사람은 생존하고, 이 법칙에 거역하는 사람은 멸망하는 것이다.

4

〈離婁 上〉

孟子曰 不仁者可與言哉. 安其危而利其災 樂其所
맹 자 왈　불 인 자 가 여 언 재　안 기 위 이 리 기 재　낙 기 소
以亡者 不仁而可與言 則何亡國敗家之有.
이 망 자　불 인 이 가 여 언　칙 하 망 국 패 가 지 유

맹자(孟子)께서 말씀하시기를

"악한 사람과는 더불어 말할 수 있겠는가? 자기가 위태로워질 것을 안전하게 여기고, 자기에게 재앙이 될 것을 이롭게 여겨서, 자기가 망하게 될 것을 즐거워하고 있나니, 만일 악한 사람과 더불어 말해도 괜찮다면, 어찌 나라를 망치고 집안을 무너뜨리는 일이 있겠는가?"

【글자 뜻】 危:위험 위. 災:재앙 재. 敗:무너뜨릴 패(패할 패).

【말의 뜻】 可與言哉:더불어 말할 것이 되랴! 安其危:자기의 위태한 것을 안전하게 여김. 利其災:자기의 재앙을 이익으로 여김. 樂其所以亡者:자기가 망하게 될 것을 즐거워함. 所以는 원인. 何~之有:어찌 ~함이 있으랴. 亡國敗家:나라를 망하게 하고 집안을 무너뜨림.

【문　법】 可與言哉:반어형. 不可與言也의 강조형. 其:대명사. 安·利·樂:동사. 不仁而可與言:若可言與不仁者의 강조 도치형. 而는 접속사(~한데도). 則:접속사(그렇다면). 何亡國敗 家之有:何有亡國敗家哉의 강조 도치형. 何는 부사, 亡·敗는 동사, 之는 주격 조사.

【뜻 풀이】 인(仁)을 행하면 경사가 돌아오고, 악을 행하면 재앙이 돌아와 패가망신(敗家亡身)을 하게 됨은 자연의 법칙이다. 그러나 악한 사람

은 이 자연의 법칙을 모르기 때문에 자신에게 닥쳐올 재앙을 도리어 즐거움으로만 알고 목전의 이익만을 추구하여, 몸을 망치고 사회에까지 해독을 끼치는 것이다.

5

〈離婁 上〉

孟子曰 自暴者 不可與有言也. 自棄者 不可與有
맹 자 왈 자 포 자 불 가 여 유 언 야 자 기 자 불 가 여 유

爲也. 言非禮義 謂之自暴也. 吾身不能居仁由義
위 야 언 비 례 의 위 지 자 포 야 오 신 불 능 거 인 유 의

謂之自棄也. 仁人之安宅也 義人之正路也. 曠安
위 지 자 기 야 인 인 지 안 택 야 의 인 지 정 로 야 광 안

宅而弗居 舍正路而不由 哀哉.
택 이 불 거 사 정 로 이 불 유 애 재

맹자(孟子)께서 말씀하시기를

"스스로 자신을 해치는 사람과는 더불어 말할 것이 못되고, 스스로 자신을 버리는 사람과는 함께 일할 것이 못되거니와, 말로 예(禮)와 의(義)를 헐뜯음을 자신을 해친다고 하고, 자기는 인(仁)에 살고 의(義)에 따라 행동할 수 없다고 함을 자신을 버린다고 하는 것이니라. 대저 인(仁)은 사람의 편안한 집이요, 의(義)는 사람의 올바른 길이거늘, 사람들은 이 편안한 집을 비워 두고 들어가 살지 않으며, 이 올바른 길을 버리고서 따라가지 않으니, 슬픈 일이로다!"

【글자 뜻】 暴:해칠 포(사나울 폭). 棄:버릴 기. 非:헐뜯을 비(아닐 비). 曠:빌 광(너를 광). 弗:아닐 불(말 불). 舍:놓을 사(집 사). 哀:슬플 애.

【말의 뜻】 自暴者:스스로 자신을 해치는 사람. 自棄者:스스로 자신을 버리는 사람. 不可與有爲:함께 일을 할 것이 못됨. 言非禮義:말로 예의를 헐뜯음. 居仁由義仁:에 살고 義를 행함. 曠安宅而弗居:편안히 살

집(仁)을 비워 두고 들어가 살지 않음. 舍正路:올바른 길(義)을 버림. 哀哉:슬프다.

【문 법】謂之:之는 대명사. 人之:之는 소유격 조사. 曠安宅 · 舍正路: 曠舍는 동사, 安宅 · 正路는 목적어. 而:접속사(~하고서). 弗 · 不: 부정사. 哀哉:감탄사.

【뜻 풀이】올바른 도리를 헐뜯어 비난함은 자신을 해치는 자포(自暴)요, 자신은 인의(仁義)와는 거리가 멀다고 사람의 대열에서 물러섬은 스스로를 버리는 자기(自棄)이다. 사람으로서 어찌 이와 같은 자포 자기의 길을 걸을 수 있으랴! 그렇다. 인(仁)은 사람이 떠나지 말고 거기에서 살아야 할 편안한 집이요, 의(義)는 사람이 마땅히 걸어가야 할 큰 길이다. 그러나 세상 사람들은 인(仁)이라는 이 편안히 살 집을 텅 비워 두고서 괴로운 집인 악에서 살며, 정의라는 탄탄대로를 버리고서 천 길 절벽 위의 가파른 길인 불의라는 길을 걸어가고 있으니, 어찌 애석하고 슬프지 않으랴!

6

〈離婁 上〉

孟子曰 存乎人者 莫良於眸子. 眸子不能掩其惡
맹 자 왈　존 호 인 자　막 량 어 모 자　모 자 불 능 엄 기 오

胸中正則眸子瞭焉 胸中不正則眸子眊焉. 聽其言
흉 중 정 즉 모 자 료 언　흉 중 부 정 즉 모 자 모 언　청 기 언

也 觀其眸子 人焉廋哉."
야　관 기 모 자　인 언 수 재

맹자(孟子)께서 말씀하시기를

"사람의 마음을 살피는 것으로는 눈동자보다 더 좋은 것이 없느니라. 눈동자는 자기의 악함을 감추지 못하는 법이니, 가슴속이 올바르면 눈동자가 밝고, 가슴속이 올바르지 못하면 눈동자가 흐려지느니라. 그의 말을 들어보고 그의 눈동자를 본다면, 사람이 어찌 자기 마음을 숨길 수 있으랴!"

【글자 뜻】 存:살필 존(있을 존) 莫:없을 막(말 막). 良:좋을 량(어질 량). 眸:눈동자 모. 掩:가릴 엄. 胸:가슴 흉. 瞭:밝을 료. 眊:흐릴 모. 焉:어조사 언(어찌 언). 廋:숨길 수.

【말의 뜻】 存乎人者:사람을 살피는 것. 莫良於~:~보다 좋은 것이 없다. 眸子:눈동자. 人焉廋哉:사람이 어찌 숨길 수 있으랴!

【문　법】 乎:전치사. 於와 같음. 於:전치사(~보다). 焉~哉:반어형. 焉은 부사, 哉는 종결조사.

【뜻 풀이】 사람의 마음을 관찰하는 좋은 방법이다. 대저 말은 마음의 소리요, 눈동자는 마음의 창문이다. 마음이 바르고 선하면 말소리가 분

명하고 눈동자가 밝으며, 마음속에 속이는 바가 있고 악하다면 말소리가 분명하지 않고 눈동자가 흐리며 눈길을 피하게 마련인 것이다.

7

〈離婁 上〉

孟子曰 事孰爲大. 事親爲大. 守孰爲大. 守身爲大. 不失其身而能事其親者 吾聞之矣. 失其身而能事其親者 吾未之聞也. 孰不爲事 事親 事之本也. 孰不爲守 守身 守之本也.

맹자왈 사숙위대 사친위대 수숙위대 수신위대 불실기신이능사기친자 오문지의 실기신이능사기친자 오미지문야 숙불위사 사친 사지본야 숙불위수 수신 수지본야

맹자(孟子)께서 말씀하시기를

"누구를 섬기는 일이 가장 중대한가? 내 몸을 지키는 일이 가장 중대하니라. 자기의 몸을 잃지 않고 잘 지키고서 자기 부모를 잘 섬겼다는 사람은 내 들었어도, 자기의 몸을 잃어 불의에 빠지고서도 자기 부모를 잘 섬겼다는 사람은 내 아직까지 이를 듣지 못하였다. 누구인들 섬겨야 하지 않으련만 부모를 잘 섬김이 섬김의 근본이요, 무엇인들 지켜야 하지 않으련만 내 몸을 잘 지킴이 지킴의 근본이니라."

【글자 뜻】 事:섬길 사(일 사). 孰:누구 숙. 무엇 숙.

【말의 뜻】 事孰爲大:누구를 섬기는 것이 중대한가? 不失其身:자기 몸을 잃지 않음. 불의에 빠지지 않고 몸을 잘 지킴. 孰不爲事:누구인들 섬기지 아니하랴. 不爲는 아니하다.

【문 법】 孰:의문대명사. 而:접속사(~하고서, ~이면서). 聞之·未之有也:之는 대명사. 事之本·守之本:之는 소유격 조사.

【뜻 풀이】 사람은 부모뿐만 아니라 모든 윗사람을 다 잘 섬겨야 한다. 그러나 그중에서도 부모를 마음으로부터 우러나오는 효(孝)로써 섬기는 일이 가장 중요하다. 또 사람은 재산이나 명예나 학문 등 지켜야 할 것들이 많다. 그러나 그중에서도 자기 자신을 불의에 빠뜨리지 않고 잘 지키는 것이 가장 중요하다.

그러나 이 두 가지는 서로 따르게 마련이다. 부모를 잘 섬기려면 자기 몸을 잘 지켜 부모에게 근심을 끼치지 말아야 하고, 자기 몸을 잘 지키려면 효(孝)를 떠나서는 이루어질 수 없는 것이다. 바꾸어 말하면 부모를 잘 섬기는 사람으로서 자신이 불의에 빠지는 일은 없고, 자신을 올바르게 지키는 사람으로서 부모에게 불효하는 사람은 있지 않게 마련인 것이다. 그러므로 효(孝)는 백행(百行)의 근본이라고 일러지는 것이다.

8

〈離婁 上〉

孟子曰 人之易其言也 無責耳矣.
맹 자 왈 인 지 이 기 언 야 무 책 이 의

맹자(孟子)께서 말씀하시기를

"사람이 자기의 말을 쉽게 함은 그 말에 대한 책임이 없기 때문일 따름이니라."

【글자 뜻】 易:쉽게 할 이. 責:책임 책(꾸짖을 책). 耳:뿐 이(귀 이).

【말의 뜻】 易其言:자기 말을 쉽게 함. 無責耳:책임이 없을 뿐임.

【문 법】 人之易其言:之는 주격 조사, 易는 동사, 其는 대명사. 耳矣:한정종결조사.

【뜻 풀이】 말이란 한번 입밖에 나오면 엎질러진 물과 같아 돌이킬 수 없는 것이다. 그러므로 자기가 한 말에 책임을 질 사람이라면 말이 가볍게 나오지 않을 것이다.

9

〈離婁 上〉

孟子曰 人之患 在好爲人師.
맹 자 왈　인 지 환　재 호 위 인 사

맹자(孟子)께서 말씀하시기를
"사람들의 폐단은 남의 스승 노릇을 하기 좋아하는 데 있느니라."

【글자 뜻】 患:근심 환.
【말의 뜻】 人之患:사람의 폐단. 爲人師:남의 스승이 됨.

【뜻 풀이】 사람은 폐단이 많지만 그중에서도 특히 아는 체하여 남을 딛고 올라서려는 것이 제일 큰 폐단의 하나이다. 남의 스승 노릇 하기를 좋아하기보다는 남의 제자 노릇 하기를 좋아해야 할 것이다. 겸손하므로 누구에게도 미움을 받는 일이 없을 것이요, 모르던 것을 알게 되어 자기의 지식이 넓혀질 것이니 이야말로 일석이조(一石二鳥)의 이익이 아니겠는가!

10

〈離婁 上〉

孟子曰 仁之實 事親是也. 義之實 從兄是也. 智之
맹자왈 인지실 사친시야 의지실 종형시야 지지
實 智斯二者弗去是也. 禮之實 節文斯二者是也.
실 지사이자불거시야 예지실 절문사이자시야
樂之實 樂斯二者.
악지실 락사이자

맹자(孟子)께서 말씀하시기를

"인(仁)의 근본은 어버이를 효도로 섬기는 일이 그것이요, 의(義)의 근본은 형을 공경하여 따르는 일이 그것이니라. 지혜(智)의 근본은 이 두 가지를 알아 이에서 벗어나지 않는 일이 그것이요, 예(禮)의 근본은 이 두 가지를 조절하여 아름답게 나타내는 일이 그것이요, 음악(樂)의 근본은 이 두 가지를 즐거워하는 일이 그것이니라."

【글자 뜻】 實:참 실(열매 실). 從:좇을 종. 弗:아니할 불. 節:조절할 절(마디 절). 文:꾸밀 문(글월 문). 樂:음악 악. 즐거울 락.

【말의 뜻】 仁之實:仁의 근본. 從兄:형을 따름. 형을 공경함. 弗去:떠나지 않음. 節文:조절하여 꾸밈.

【문 법】 之:소유격 조사. 是:대명사. 斯:대명사. 弗:부정사.

【뜻 풀이】 인 · 의 · 예 · 지 · 악(仁義禮智樂)의 다섯 가지 덕의 근본은 효(孝)와 제(悌)에 있음을 밝힌 글이다.

대저 사람이란 행복을 얻기 위하여 살고 있다 하겠거니와, 행복이란 한 가정을 토대로 하여 이루어지는 것이다. 행복이란 그 사회를 구

성하고 있는 모든 사람들이 다 만족하고 즐겁게 생활할 때 느껴지는 감정이다. 자식이 부모를 효(孝)로 섬기고 부모가 자식을 사랑하며, 동생이 형을 공경하여 따르고 형이 동생을 사랑으로 이끌어, 온 가족이 사랑이라는 눈에 보이지 않는 튼튼한 한 개의 밧줄로 묶여 있을 때, 이런 때에만 행복은 찾아와 주는 것이다.

사람의 대인 관계도 한 가정으로부터 시작되는 것이며, 인·의·예·지·악(仁義禮智樂) 등의 실현도 마땅히 가정으로부터 출발해야 하는 것이다.

인(仁)이란 마음이 선하고 진실됨이므로, 부모를 섬기는 효(孝)가 그 근본이요, 의(義)란 올바른 도리를 따름이니 형을 공경함이 그 근본이다. 그리고 지(智)란 선악을 분별하여 슬기롭게 살아가는 것이니 부모를 섬기고 형을 공경하는 도리를 분명히 앎이 그 근본이요, 예(禮)란 겸양을 베푸는 행동의 미화(美化)이니 부모를 섬기고 형을 공경하는 도리를 실천으로 나타냄이 그 근본이요, 악(樂, 음악)이란 마음이 즐거워져서 흥이 절로 넘쳐 나옴이니 부모를 효로 섬기고 형을 공경하여 온 가정이 행복에 넘쳐 즐거워짐이 그 근본인 것이다.

11

〈離婁 下〉

孟子告齊宣王曰 君之視臣如手足 則臣視君如腹
맹 자 고 제 선 왕 왈　군 지 시 신 여 수 족　즉 신 시 군 여 복
心 君之視臣如犬馬 則臣視君如國人 君之視臣如
심　군 지 시 신 여 견 마　즉 신 시 군 여 국 인　군 지 시 신 여
土芥 則臣視君如寇讐.
토 개　즉 신 시 군 여 구 수

맹자(孟子)께서 제(齊)나라의 선왕(宣王)에게 일러 말씀하시기를

"임금이 신하 보기를 내 손발처럼 여긴다면 신하는 임금 보기를 자기의 배나 심장처럼 여기게 되고, 임금이 신하 보기를 개나 말처럼 본다면 신하는 임금 보기를 낯선 사람처럼 여기게 되고, 임금이 신하 보기를 흙이나 지푸라기처럼 본다면 신하는 임금 보기를 원수처럼 여기게 되나이다."

【글자 뜻】 視:볼 시. 腹:배 복. 心:염통 심(마음 심). 芥:지푸라기 개. 寇:원수 구(도둑 구). 讐:원수 수.

【말의 뜻】 君之視臣:임금이 신하를 봄. 腹心:배와 심장. 國人:낯선 사람. 土芥:흙과 지푸라기. 寇讐:원수.

【문　법】 之:주격 조사. 則:접속사.

【뜻 풀이】 원래 아랫사람 노릇을 하기보다는 윗사람 노릇을 하기가 더 어려운 법이다. 아랫사람은 대개 각자 자기가 맡은 임무만 충실히 수행하면 되지만, 윗자리에 있는 사람은 많은 아랫사람들을 공평무사(公平無私)하게 거느리고 돌봐 주어 아무에게도 불평불만이 없도록 해야

하기 때문이다.

만일 윗사람이 아랫사람들을 자기 몸의 말단인 손발만큼만 아끼고 사랑해 준다면, 아랫사람들은 그의 손발이 되어 움직여 줄 뿐 아니라, 윗사람을 위하는 마음은 그들 몸의 가장 중요한 부분인 배나 심장보다도 더 귀중하게 여길 것이다. 그러나 윗사람이 아랫사람들에게 사랑하는 마음이 없이 마치 가축을 부리고 먹여 기르듯이 한다면, 아랫사람들은 그를 전혀 낯선 사람 대하듯 하여, 그를 위하여 일하려고 하지 않을 것이다. 더욱이 윗사람이 아랫사람들 대하기를 생명력이 없는 돌이나 나무토막처럼 취급하여 마구 다룬다면, 아랫사람들은 그를 원수처럼 생각할 것이다.

12

〈離婁 下〉

孟子曰 人有不爲也 而後可以有爲.
맹 자 왈 인 유 불 위 야 이 후 가 이 유 위

맹자(孟子)께서 말씀하시기를

"사람은 하지 않는 것이 있은 뒤에야 비로소 하는 것이 있게 되느니라."

【말의 뜻】 有不爲:하지 않는 것이 있음. 可以有爲:가히 하는 것이 있게 됨.

【문 법】 而:접속사(~하고서야). 可以:부사.

【뜻 풀이】 해서는 안될 악한 일과 마땅히 해야 할 옳은 일을 분간한다는 것은 중요한 일이다. 그러나 한걸음 더 나아가 해서는 안될 악한 일은 어떠한 일이 있어도 하지 않는 것이야말로 중요한 것이다. 그런 뒤에야 비로소 그의 하는 일은 모두가 정의에서 벗어나지 않게 되는 것이다.

그러나 이 세상에는 해서는 안될 일인 줄 알면서도 자기의 이득이 있다고 생각되면 양심을 굽히고 부정과 불의를 저지르는 사람이 얼마나 많은가!

13

〈離婁 下〉

孟子曰 大人者 不失其赤子之心者也.
맹 자 왈　대 인 자　불 실 기 적 자 지 심 자 야

맹자(孟子)께서 말씀하시기를
"덕이 높은 사람이란 바로 자기의 어린아이 때의 마음을 잃지 않는 사람이니라."

【말의 뜻】 大人:덕이 높은 사람. 赤子:어린아이.

【문　법】 大人者:者는 명사형 조사(大人은, 대인이란). 不失~者也:者는 명사. ~을 잃지 않는 사람이다.

【뜻 풀이】 사람은 누구나 갓난아이 시절에는 오직 천진난만하여 악을 모르고 거짓을 꾸밀 줄 모른다. 어른이 된 뒤에까지도, 그리고 평생 동안 자기의 어릴 때의 깨끗하고 착한 마음을 지니고 살아가기란 얼마나 어려운 일인가!

14

〈離婁 下〉

孟子曰 君子所以異於人者 以其存心也 君子以仁
맹 자 왈 군 자 소 이 이 어 인 자 이 기 존 심 야 군 자 이 인

存心 以禮存心. 仁者愛人 有禮者敬人 愛人者人
존 심 이 례 존 심 인 자 애 인 유 례 자 경 인 애 인 자 인

恒愛之 敬人者人恒敬之.
항 애 지 경 인 자 인 항 경 지

맹자(孟子)께서 말씀하시기를

"군자가 보통 사람들과 다른 까닭은 그가 본심을 지니고 있기 때문이니, 군자는 인(仁)을 마음에 지니고, 예(禮)를 마음에 지니고 있느니라. 인(仁)한 사람은 남을 사랑하고 예(禮)를 지닌 사람은 남을 공경하거니와, 남을 사랑하는 사람은 사람들이 항상 그를 사랑하고, 남을 공경하는 사람은 사람들이 항상 그를 공경하느니라."

【글자 뜻】 異:다를 이. 存:있을 존. 敬:공경할 경. 恒:항상 항.

【말의 뜻】 所以:까닭. 異於人:보통 사람들과 다르다. 存心:本性을 마음에 지니고 있음. 以仁存心:仁으로써 마음에 지님. 마음에 仁을 지님. 곧 仁을 닦아 마음에 늘 있게 함. 以禮存心:예를 닦아 늘 마음에 있게 함. 人恒敬之:사람들이 항상 그를 사랑함.

【문　법】 於:전치사. 以:전치사. 之:대명사.

【뜻 풀이】 인(仁)과 예(禮)를 강조한 글이다. 인(仁)은 사람마다 타고난 어진 마음이며, 예(禮)는 남을 공경하는 마음이다. 보통 사람들은 자신의 마음을 풀어놓아 지키지 않기 때문에, 이 타고난 어진 본성을 상실

하고 악에 물들게 되지만, 덕을 닦은 군자는 항상 스스로 자신의 마음을 잡고 지켜 나가기 때문에, 이 타고난 어진 본성을 잃지 않는 것이다. 군자는 인(仁)을 항상 지녀 마음을 지키고, 예(禮)를 항상 지녀 마음을 지킨다. 마음이 어진 사람은 항상 남을 사랑하기 때문에 남들도 그를 공경하게 되는 것이다. 인(仁)과 예(禮)를 지닌 군자는 언제나 모든 사람들로부터 사랑과 존경을 받게 되는 것이다.

제5장

만장편

(萬章篇)

1

〈萬章 上〉

人少則慕父母 知好色則慕少艾 有妻子則慕妻子
인 소 즉 모 부 모 　 지 호 색 즉 모 소 애 　 유 처 자 즉 모 처 자
仕則慕君 不得於君則熱中 大孝終身慕父母.
사 즉 모 군 　 부 득 어 군 즉 열 중 　 대 효 종 신 모 부 모

"사람들이란 어린 시절에는 부모만을 사모하다가, 여색을 알게 되면 미인을 사모하고, 처자가 생기게 되면 처자를 사모하고, 벼슬하면 임금을 사모하다가, 임금에게 신임을 얻지 못하면 마음이 달아오르거니와, 그러나 위대한 효자는 평생토록 부모를 사모하느니라."

【글자 뜻】 慕:사모할 모. 艾:예쁠 애(쑥 애). 仕:벼슬 사.

【말의 뜻】 好色:女色. 少艾:美人. 不得於君:임금에게 신임을 얻지 못함. 熱中:마음이 달아오름.

【뜻 풀이】 자라남에 따라 부모를 그리워하는 마음이 변질되어 가는 모습이 잘 묘사되어 있다. 사람은 어린 시절에는 누구나 다 부모를 끔찍이 사랑하여 하루만 부모를 떨어져 있어도 눈물이 나올 정도로 그리워진다. 이때야말로 누구나 다 효자인 것이다. 그러나 차츰 자라 중학교쯤이라도 다녀 친구들과 사귀게 되면 부모를 사랑하던 마음이 점점 퇴색되며, 이성이 아름답게 보이기 시작할 무렵이면 부모 대신 이성을 그리워하게 되고, 결혼하여 처자가 생기면 부모에 대한 사랑은 완전히 처자에게로 기울어지는 것이 일반적인 현상이다. 그러나 우리를 낳으시고 기르시고 가르쳐 주시느라고 고생하고 애써 주시는 부모,

또 아무리 우리가 장성해도 늘 어린 시절처럼 변함없는 사랑으로 따뜻이 감싸주시는 부모의 은혜는 평생을 통하여 잠시도 잊지 말아야 할 것이다.

2

〈萬章 下〉

萬章問曰 敢問友. 孟子曰 不挾長 不挾貴 不挾兄
만장문왈 감문우 맹자왈 불협장 불협귀 불협형
弟而友. 友也者 友其德也 不可以有挾也.
제이우 우야자 우기덕야 불가이유협야

만장(萬章)이 여쭈기를

"감히 벗을 사귐에 대하여 여쭈어 보겠나이다."

맹자(孟子)께서 말씀하시기를

"자신의 나이 많음을 의지하여 사귀지 말아야 하고, 지위가 높음을 의지하여 사귀지 말아야 하고, 형제의 부귀함을 의지해서 사귀지 말아야 하느니라. 벗으로 사귄다는 것은 그 사람의 덕을 사귀는 것이니, 의지함이 있어서는 안 되느니라."

【글자 뜻】 友:벗 우. 벗할 우. 挾:낄 협. 의지할 협.

【말의 뜻】 萬章:孟子의 제자. 敢問友:감히 벗을 사귐에 대하여 묻다. 不挾長:나이가 많음을 의지하지 말아야 함. 不挾貴:지위가 높음을 의지하지 말아야 함. 不挾兄弟:형제의 부귀함을 의지하지 말아야 함. 不可以:~해서는 안 됨.

【문 법】 而友:而는 접속사(~하고서), 友는 동사. 而友는 앞의 두 곳에도 걸림.

【뜻 풀이】 진정한 우정이란 선량한 사람끼리 서로 상대방의 인격을 보고 사귀는 데서 이루어지는 것이므로, 중간에 물질이나 권력을 개재시켜

서는 안 된다. 자기의 권력이나 재력을 미끼로 상대방을 벗으로 사귀어도 안 되며, 또 상대방의 지위나 재산을 보고서야 벗으로 사귀어도 안 되는 것이다. 이는 사람이 사람과 사귀는 것이 아니라 권력이나 돈과 사귀는 것이기 때문이다. 특히 상대방의 권력이나 재력을 기준으로 벗을 가리어 사귀어서는 안 되며, 또 자기가 부귀해졌다고 해서 빈천하던 때의 벗을 버려서는 안 되는 것이다.

3

〈萬章 下〉

夫義 路也. 禮 門也 惟君子能由是路 出入是門也.
부 의 노 야 예 문 야 유 군 자 능 유 시 로 출 입 시 문 야

"대저 의(義)란 사람이 가야 할 길이요, 예(禮)란 사람이 드나들어야 할 문이다. 그러나 오로지 군자만이 이 길을 따라서 갈 수 있고, 이 문을 통하여 드나들 수 있느니라."

【글자 뜻】 夫:대저 부(지아비 부). 惟:오직 유. 由:따를 유(말미암을 유).
【말의 뜻】 能由是路:능히 이 길(義)을 따름. 出入是門:이 문(禮)을 드나듦.
【문　법】 夫:부사(발어사). 惟:부사. 能:부사(능히 ~할 수 있음). 能은 出入是門도 수식함. 是:대명사(이).

【뜻 풀이】 정의란 사람이면 누구나 마땅히 걸어가야 할 올바른 길이요, 예절이란 사람이면 누구나 드나들어야 하는 문과 같다. 그러나 세상 사람들은 이 올바른 길을 버리고서 불의의 길을 걷고 있으며, 또 집에 들어가거나 나오거나 반드시 거쳐야 할 이 정문을 통하지 않고 아무데로나 마구 드나들어 체통을 잃고 있는 것이다.

4

〈萬章 下〉

孟子謂萬章曰 一鄕之善士 斯友一鄕之善士. 一國
맹 자 위 만 장 왈 일 향 지 선 사 사 우 일 향 지 선 사 일 국
之善士 斯友一國之善士. 天下之善士 斯友天下之
지 선 사 사 우 일 국 지 선 사 천 하 지 선 사 사 우 천 하 지
善士. 以友天下之善士爲未足 又尙論古之人. 頌
선 사 이 우 천 하 지 선 사 위 미 족 우 상 론 고 지 인 송
其詩 讀其書 不知其人可乎. 是以論其世也. 是尙
기 시 독 기 서 부 지 기 인 가 호 시 이 논 기 세 야 시 상
友也.
우 야

맹자(孟子)께서 만장(萬章)에게 일러 말씀하시기를

“한 고을의 훌륭한 선비라야 한 고을의 훌륭한 선비를 벗으로 사귀고, 한 나라의 훌륭한 선비라야 한 나라의 훌륭한 선비를 벗으로 사귀며, 천하의 훌륭한 선비라야 천하의 훌륭한 선비를 벗으로 사귀는 법이다. 천하의 훌륭한 선비를 사귀는 것으로 만족하지 못하면, 다시 나아가 옛사람과 논하게 되거니와, 그(옛사람)의 시를 읊어 보고 그의 글을 읽어보는 데도 그 사람됨을 모르랴! 이렇게 하여 그 사람이 살던 시대를 토론하게 되거니와, 이것이 옛사람과 사귀는 길이니라.”

【글자 뜻】 鄕:고을 향(고향 향). 斯:이 사. 尙:더할 상. 옛 상. 숭상할 상. 頌:읊을 송.

【말의 뜻】 一鄕:한 고을. 善士:훌륭한 선비. 爲未足:아직 만족하지 못함. 又尙論:또 더 논평함. 다시 올라가 논평함. 是以:이로써. 그렇게 함으로써. 論其世:그가 살던 시대를 토론함. 尙友:옛사람과 사귐.

【문　법】斯:부사(이, ~라야 곧). 其:대명사. 古之人을 가리킴. 不知其人可乎:可知其人의 반어 강조형. 是:대명사.

【뜻 풀이】사람이 훌륭한 벗을 얻는다는 것은 일생을 통하여 가장 중요한 일의 하나라 하겠다. 그러나 훌륭한 벗을 사귀려면, 우선 내 자신부터 인격을 수양하여 덕을 지닌 훌륭한 사람이 되어야 한다. 이 글에서는 훌륭한 사람이 훌륭한 벗과의 사귐을 확대시켜 가는 과정을 말하고 있다.

사람이란 시간과 공간으로 제한된 환경에서 살아야 하므로 훌륭한 사람을 사귀려면 불가불 공간적으로 범위를 넓히고 시간적으로 과거로 소급해 가지 않을 수 없다. 그리고 이 방법은 책을 통하여 그 사람과 사귀는 것이 가장 빠른 길이다. 문화와 과학이 발달된 오늘날에는 우리는 가만히 앉아서도 수백 년 수천 년 전의 성인이나 위인들의 글을 읽을 수 있고, 수만 리 떨어진 세계 각국의 훌륭한 사람들의 글을 읽을 수 있다. 그러나 읽어야 할 훌륭한 책들이 너무 많고 보니 불가불 그 가운데서도 가장 정평이 있는 훌륭한 책이 곧 고전인 것이다. 고전이란 수백 년 혹은 수천 년 동안 많은 사람들이 읽어 온 훌륭한 책이며, 따라서 인류의 문화와 정신을 형성하고 발전시켜 온 원동력인 것이다. 그러므로 우리는 이 고전들을 통하여 아득한 옛날의 위대한 사람들과 대화를 나누고 가르침을 받기에 힘써야 할 것이다.

제6장

고자편

(基礎篇)

1

〈告子 上〉

人性之善也 猶水之就下也. 人無有不善 水無有不下.
인성지선야 유수지취하야 인무유불선 수무유불하

"사람의 본성이 선한 것은 마치 물이 아래쪽으로 흐르는 것과 같은 것이니, 사람치고 본성이 선하지 않은 사람은 없으며, 물치고 아래쪽으로 흐르지 않는 물은 없느니라."

【글자 뜻】 猶:같을 유(오히려 유). 就:나아갈 취.

【말의 뜻】 人性之善:사람의 본성이 선함. 猶:마치 ~와 같음. 就下:아래로 내려감. 人無有不善:사람이라면 선하지 않은 이는 있지 않음. 水無有不下:물이면서 아래로 흐르지 않는 물은 있지 않음.

【문 법】 之:주격 조사. 猶:부사. 無有不:이중 부정.

【뜻 풀이】 성선설(性善說)을 물에 비유하여 밝힌 글이다. 물의 본성은 높은 데서 낮은 쪽으로 따라 흐른다. 물을 치면 길이 넘도록 튀어 오르기도 하고, 둑을 높이 쌓아 막으면 물이 역류하여 산꼭대기까지 올라갈지라도, 이는 외부의 힘에 의해 그럴 뿐이지, 물의 본성은 역시 낮은 쪽을 향해 흐르게 마련인 것이다. 이와 마찬가지로 사람이 악한 행동을 하는 것은 후천적으로 외부의 영향을 받아서 그렇게 될 뿐이지, 사람의 타고난 본성은 착한 것이다.

2

〈告子 上〉

孟子曰 魚 我所欲也. 熊掌 亦我所欲也. 二者不可
맹 자 왈 어 아 소 욕 야 웅 장 역 아 소 욕 야 이 자 불 가

得兼 舍魚而取熊掌者也. 生亦我所欲也 義亦我所
득 겸 사 어 이 취 웅 장 자 야 생 역 아 소 욕 야 의 역 아 소

欲也. 二者不可得兼 舍生而取義者也.
욕 야 이 자 불 가 득 겸 사 생 이 취 의 자 야

맹자(孟子)께서 말씀하시기를

"물고기도 내가 바라는 것이며 곰의 발바닥도 역시 내가 바라는 바이지만, 둘을 아울러 얻을 수 없다면 물고기를 버리고 곰의 발바닥을 취할 것이다. 삶도 내가 바라는 것이요, 정의도 역시 내가 바라는 바이지만, 둘을 아울러 얻을 수 없다면 삶을 버리고 정의를 취하라."

【글자 뜻】 熊:곰 웅. 掌:손바닥 장. 兼:겸할 겸. 舍:버릴 사(집 사).

【말의 뜻】 所欲:바라는 바. 원한 바. 熊掌:곰의 발바닥. 8가지 珍味의 하나. 不可:할 수 없음. 舍魚而取熊掌:물고기를 버리고서 곰의 발바닥을 취함.

【문 법】 亦:부사. 而:접속사(~하고서). 者:명사형 조사.

【뜻 풀이】 의(義)를 자신의 생명보다도 중히 여겨야 함을 물고기와 곰의 발바닥을 비유로 강조하고 있다. 생선으로 만든 요리도 자기가 좋아하는 음식이고 곰의 발바닥으로 만든 요리도 자기가 좋아하는 음식일 때, 만일 둘 중에서 하나만을 택해야 할 경우라면 누구나 흔한 생선 요리를 버리고 곰의 발바닥으로 만든 진귀한 요리를 택할 것이다. 생

(生)과 의(義)와의 관계도 이와 비슷하다. 사람은 누구나 삶을 바라고 죽음을 싫어한다. 그러나 삶보다 더 귀중한 것이 있으니, 그것은 곧 정의인 것이다. 그러므로 불의(不義)로 살기보다는 차라리 죽음의 길을 택할지라도 의(義)를 지켜야 하는 것이다.

3

〈告子 上〉

孟子曰 仁 人心也. 義 人路也. 舍其路而不由 放其
맹 자 왈 인 인 심 야 의 인 로 야 사 기 로 이 불 유 방 기

心而不知求 哀哉. 人有鷄犬放, 則知求之. 有放心
심 이 불 지 구 애 재 인 유 계 견 방 즉 지 구 지 유 방 심

而不知求. 學問之道無他 求其放心而已矣.
이 불 지 구 학 문 지 도 무 타 구 기 방 심 이 이 의

맹자(孟子)께서 말씀하시기를

“인(仁)은 사람의 마음이요, 의(義)는 사람의 길이니라. 그런데도 사람들은 그 올바른 길을 버리고서 따라가지 않으며, 그 인(仁)한 마음을 놓아 버리고서 찾을 줄을 모르니, 슬픈 일이로다. 사람들은 자기의 개나 닭을 잃어버리면 찾을 줄을 알면서도, 자기 마음은 잃어버리고서도 찾을 줄을 모르거니와, 학문하는 길이란 다른 것이 아니라, 바로 자기의 잃어버린 마음을 찾는 것일 뿐이니라.”

【글자 뜻】 由:따를 유(말미암을 유). 放:놓을 방. 求:찾을 구(구할 구). 哀:슬플 애. 已:따를 이.

【말의 뜻】 放其心而不知求:그 마음을 놓아 버리고서도 찾을 줄을 모름. 哀哉:슬프도다. 有:되다, 생기다의 뜻. 無他:다른 것이 아님. 求其放心而已矣:자기의 놓아 버린 마음을 찾는 것일 뿐이다.

【문 법】 其:대명사(仁과 義, 그리고 자기를 가리킴). 而:접속사(~하고서, ~하고서도). 而已矣:한정종결조사.

【뜻 풀이】 묘한 비유의 유명한 말이다. 세상 사람들은 자기 집에서 기르

던 개나 닭을 잃어버리면 그것을 찾아 헤매면서도, 가장 귀중한 자기의 마음은 잃어버리고서도 찾을 생각을 하지 않는다. 사람이 배우는 궁극의 목적도 바로 이 상실된 인간성을 찾는 데 있는 것이다.

4

〈告子 上〉

孟子曰 仁之勝不仁也 猶水勝火. 今之爲仁者 猶
맹 자 왈 인 지 승 불 인 야 유 수 승 화 금 지 위 인 자 유

以一杯水 救一車薪之火也. 不熄則謂之水不勝火
이 일 배 수 구 일 거 신 지 화 야 불 식 즉 위 지 수 불 승 화

此 又與於不仁之甚者也. 亦終必亡而已矣.
차 우 여 어 불 인 지 심 자 야 역 종 필 망 이 이 의

맹자(孟子)께서 말씀하시기를

"인(仁)이 악함을 이기는 것은 마치 물이 불을 이김과 같거니와, 지금 세상의 인(仁)을 행한다는 사람들은 마치 한 잔의 물로써 수레에 가득 실은 섶에 붙은 불을 끄려고 함과 같도다. 물이 불을 끄지 못하면 이를 일러 물이 불을 이기지 못한다고 하거니와, 이는 또한 악함에 편듦이 심한 사람으로, 역시 마침내는 반드시 (그나마 지니고 있던 仁마저) 없어지고 말 것이니라."

【글자 뜻】 猶:같을 유(오히려 유). 杯:잔 배. 救:구원할 구. 薪:섶 신. 熄:꺼질 식. 與:편들 여(더불어 여). 甚:심할 심. 亡:잃을 망(망할 망).

【말의 뜻】 仁之勝不仁:仁이 不仁을 이김. 猶水勝火:마치 물이 불을 이김과 같음. 今之:지금의. 오늘날의. 爲仁者:仁을 행하는 사람. 一杯水:한 잔의 물. 救一車薪之火:한 수레에 가득한 섶의 불을 구하여 끔. 不熄:끄지 못함. 꺼지지 않음. 謂之:이를 ~라 말함. 水不勝火:물이 불을 이기지 못함. 與於不仁:不仁에 편듦. 終必:마침내 반드시. 亡:

잃어버림. 없어짐.

【문 법】仁之·不仁之:之는 주격 조사. 今之·一車薪之:之는 소유격 조사. 謂之:之는 대명사. 猶·又·終·必:부사. 以·於:전치사. 此:대명사. 與:동사. 則:접속사. 而已矣:한정종결조사.

【뜻 풀이】물이 불을 이기듯이, 인(仁)이 악함을 이기는 것은 자연의 원리이다. 그러나 적은 물로 큰불을 끄려면 물은 간 곳 없고 불길만 맹렬히 타오르게 하듯이, 적은 덕을 가지고 어지러운 사회에 뛰어들면, 그나마 지닌 인(仁)도 악에 휩쓸리게 마련인 것이다. 그러므로 인(仁)과 덕은 꾸준히 닦아 철저하게 이루어야 하는 것이다.

5

〈告子 上〉

孟子曰 五穀者 種之美者也. 苟爲不熟 不如荑稗.
맹 자 왈 오 곡 자 종 지 미 자 야 구 위 불 숙 불 여 이 패
夫仁亦在乎熟之而已矣.
부 인 역 재 호 숙 지 이 이 의

맹자(孟子)께서 말씀하시기를

"오곡은 씨앗 중의 좋은 것들이지만, 만일 그것이 여물지 못한다면 돌피나 피만도 못한 법이니, 대저 인(仁)도 역시 그것을 여물게 함에 있을 따름이니라."

【글자 뜻】 穀:곡식 곡. 種:씨앗 종(심을 종). 苟:진실로 구. 熟:익을 숙. 荑:돌피 이. 稗:피 패.

【말의 뜻】 五穀:벼 · 보리 · 조 · 콩 · 수수. 여러 설이 있음. 美者:좋은 것. 苟:진실로. 만일. 不如:~만 같지 못함. ~만도 못함. 夫:대저. 在乎熟之:그것을 여물게 함에 있음.

【문 법】 者:앞의 者는 명사형 조사, 뒤의 者는 명사. 之:앞의 之는 소유격 조사, 뒤의 之는 대명사(仁을 가리킴). 苟 · 亦:부사. 乎:전치사(於의 뜻). 而已矣:한정종결조사(~뿐이다).

【뜻 풀이】 오곡은 풀 가운데서 가장 유익한 것들이기는 하지만, 여물지 않는다면 다른 잡초와 같이 쓸모가 없다. 이와 마찬가지로 인(仁)도 잘 여물지 않으면 곧 악에 휩쓸리고 말 것이다. 그러므로 꾸준히 몸을 닦아 인(仁)한 마음을 투철히 지니고 있어야만 덕으로 이루어지는 것이다.

6

〈告子 下〉

徐行後長者謂之弟 疾行先長者謂之不弟. 夫徐行者
서 행 후 장 자 위 지 제 질 행 선 장 자 위 지 부 제 부 서 행 자
豈人所不能哉. 所不爲也.
기 인 소 불 능 재 소 불 위 야

"천천히 걸어서 어른보다 뒤쳐져서 가는 것을 공손하다 말하고, 빨리 걸어서 어른보다 앞서서 가는 것을 불손하다 말하거니와, 대저 천천히 가는 것은 어찌 사람이 할 수가 없어서 그러는 것이랴? 그렇게 하지 않는 것일 따름이니라."

【글자 뜻】 徐:천천히 서. 長:어른 장(긴 장). 弟:공손할 제(아우 제). 疾:빠를 질(병 질). 豈:어찌 기.

【말의 뜻】 徐行:천천히 감. 後長者:어른에게 뒤처져서 가는 것. 疾行:빨리 감. 不弟:(부제)공손치 않음. 불손함. 徐行者:천천히 가는 것. 所不能:할 수 없는 것. 所不爲:하지 않는 것.

【문 법】 者:명사형 조사. 後·先:동사. 夫:발어사. 豈~哉:반어 강조형(어찌 ~랴). 豈는 부사. 哉는 종결조사. 所:명사(불완전명사).

【뜻 풀이】 지위나 재물이나 영예 등은 사람의 마음대로 되는 것이 아니다. 그러나 자신의 마음을 올바로 지니고 행동을 옳게 하여 스스로의 인격을 닦는 일은 누구나 마음만 먹으면 할 수 있는 일이다. 세상의 모든 일이 뜻대로 되지 않되, 오직 이것만은 마음대로 할 수 있는 일이며, 더구나 세상의 모든 일 가운데서 가장 중요한 것이 이 일인 것이다.

7

〈告子 下〉

人恒過然後 能改.
인 항 과 연 후 능 개

"사람은 언제나 잘못을 저지른 뒤에야 고칠 수 있느니라."

【글자 뜻】 恒:항상 항. 過:허물 과(지날 과). 改:고칠 개.

【말의 뜻】 恒:항상. 過:잘못을 저지름.

【문 법】 恒:부사. 過:동사. 能:부사.

【뜻 풀이】 사람은 사람이기 때문에 때로는 잘못도 저지르게 된다. 그리고 그 잘못을 고쳐 다시는 그 전철을 밟지 않도록 노력하는 데서 인격은 수양되는 것이다. 애당초 잘못이 없다면 고칠 것도 없을 것이다.

8

〈告子 下〉

生於憂患 而死於安樂也.
생 어 우 환 이 사 어 안 락 야

"근심하고 걱정하는 속에서는 살아나고, 편안하고 즐거운 속에서는 죽느니라."

【글자 뜻】憂:근심 우. 患:근심 환.

【말의 뜻】生於憂患:근심하고 걱정하는 데서는 살아남. 死於安樂:편안하고 즐거운 데서는 죽음.

【문　법】於:전치사. 而:접속사.

【뜻 풀이】세상 사람들은 누구나 고난을 싫어하고 안락함을 좋아한다. 그러나 고난의 시련을 극복하면 인생의 참다운 의의를 알게 되고, 안일에 빠지면 몸을 망치고 사회에 해독을 끼치게 된다.

제7장
진심편
(盡心篇)

1

〈盡心 上〉

孟子曰 人不可以無恥. 無恥之恥 無恥矣.
맹 자 왈　인 불 가 어 무 치　무 치 지 치　무 치 의

맹자(孟子)께서 말씀하시기를

"사람은 스스로를 부끄러워하는 마음이 없어서는 안되거니와, 부끄러워할 것 없음을 부끄러워한다면 부끄러움은 없어지느니라."

【글자 뜻】 恥:부끄러울 치.

【말의 뜻】 不可以:~해서는 안됨. 無恥:부끄러워하는 마음이 없음. 無恥之恥:부끄러워할 것이 없음을 부끄러워함.

【문　법】 不~無:이중 부정. 無恥之恥:之는 無恥를 목적어로 만든 조사, 恥는 타동사.

【뜻 풀이】 사람은 누구에게나 다소간의 잘못은 있게 마련이므로 스스로 반성하여 자신의 잘못을 깨닫는다면 부끄러운 마음이 절로 일어날 것이다. 자기에게는 조금의 잘못도 없다고 뽐내는 사람이야말로 스스로를 반성하지 않는 사람이다. 진실로 항상 반성하는 사람이라면 차차로 부끄러워할 일이 줄어들게 될 것이니, 나중에는 아무리 반성해 봐도 자신에게 부끄러워할 일이 없음을 도리어 부끄러이 여기는데에 이르러야만, 우러러 하늘에 부끄러워할 것이 없고 아래로 사람들에게도 부끄러워할 것이 없게 될 것이다.

2

〈盡心 上〉

孟子曰 以佚道使民 雖勞不怨. 以生道殺民 雖死不怨殺者.
맹자왈 이일도사민 수로불원 이생도살민 수사불원살자

맹자(孟子)께서 말씀하시기를

"편안히 해 주기 위한 방법으로써 백성을 부린다면, 비록 수고로울지라도 백성들은 원망하지 않고, 살려 주기 위한 방법으로써 백성을 죽인다면, 비록 죽을지라도 백성들은 그 죽이는 사람을 원망하지 않느니라."

【글자 뜻】 佚:편안할 일. 使:부릴 사(하여금 사). 雖:비록 수. 勞:수고할 로. 怨:원망할 원. 殺:죽일 살.

【말의 뜻】 佚道:편안하게 해 주기 위한 방도. 使民:백성을 부림. 雖勞不怨:비록 수고로울지라도 원망하지 않음. 生道:살려 주기 위한 방법. 雖死不怨殺者:비록 죽을지라도 죽이는 사람을 원망하지 않음.

【문 법】 以:전치사. 雖:부사.

【뜻 풀이】 백성들을 안락하게 살도록 해 주는 것이 정치의 근본이다. 만일 위정자가 마음을 다하여 백성을 사랑하는 어진 정치를 베풀기만 한다면, 백성들은 그들의 수고로움뿐만 아니라 죽음까지도 달게 받을 것이다.

3

〈盡心 上〉

孟子曰 君子有三樂 而王天下 不與存焉. 父母俱
맹 자 왈 군 자 유 삼 락 이 왕 천 하 불 여 존 언 부 모 구

存 兄弟無故 一樂也. 仰不愧於天 俯不怍於人 二
존 형 제 무 고 일 락 야 앙 불 괴 어 천 부 부 작 어 인 이

樂也. 得天下英才 而教育之 三樂也. 君子有三樂
락 야 득 천 하 영 재 이 교 육 지 삼 락 야 군 자 유 삼 락

而王天下 不與存焉.
이 왕 천 하 불 여 존 언

맹자(孟子)께서 말씀하시기를

"군자에게 세 가지 즐거움이 있으니, 천하의 임금 노릇을 하는 일은 여기에 들지 않느니라. 부모가 함께 살아 계시고 형제들이 무고함이 첫째 즐거움이요, 우러러 하늘에 부끄럽지 않고 구부려 사람들에게 부끄럽지 않은 것이 둘째 즐거움이요, 천하의 영재들을 얻어 가르치는 것이 셋째 즐거움이니라. 군자에게 세 가지 즐거움이 있으나, 천하의 임금 노릇을 하는 일은 여기에 들지 않느니라."

【글자 뜻】 存:있을 존. 俱:함께 구. 仰:우러러볼 앙. 愧:부끄러울 괴. 俯:구부릴 부. 怍:부끄러울 작.

【말의 뜻】 王天下:天下의 임금 노릇함. 天子가 됨. 與存:들어 있음. 父母俱存:부모가 다 살아 계심. 仰不愧於天:우러러 하늘에 부끄러워할 것이 없음. 俯不怍於人:구부려 사람들에게 부끄러울 것이 없음. 英才:뛰어난 천재.

【문　법】 而:접속사(그러나, ~하여). 王:동사. 於:전치사(~에, ~에

게). 之:대명사.

【뜻 풀이】 이 글은 맹자의 유명한 군자 삼락(君子三樂)이다.

● **첫째는 가정이 평안한 즐거움이다.** 가정이란 인간 생활의 근거지요 안식처이다. 인생의 행복과 즐거움은 모름지기 이 가정 생활로부터 시작되는 것이니, 부모가 살아 계셔서 효성으로 섬기며, 동기간에 별고가 없이 화목하여, 온 가정이 평안한 분위기에 싸여 있다면, 하루하루의 생활이 즐겁기만 한 것이다.

● **둘째는 자기 자신의 인격 수양에서 얻는 즐거움이다.** 사람이 애써 스스로의 마음과 행실을 닦아 위로는 하늘에 부끄러울 것이 없고, 아래로는 사람들에게 부끄러울 것이 없어, 인생을 떳떳하게 살아가는 사람이라야 인생을 즐겁게 살아갈 수 있는 것이다.

● **셋째는 자신의 덕으로 남을 감화시킴으로써 얻는 즐거움이다.** 자질이 훌륭한 영재(英才)들을 이끌어 주고 가르쳐 훌륭한 인물로 자라남을 볼 때, 마음이 든든하고 삶의 보람을 느끼게 되는 것이다.

임금 노릇을 하는 즐거움이 삼락(三樂)에 들지 못함은 부귀와 영화가 인생의 진정한 즐거움이 아니기 때문에, 이를 거듭 강조하고 있는 것이다.

4

〈盡心 上〉

孟子曰 孔子登東山而小魯 登太山而小天下. 故觀
맹 자 왈 공 자 등 동 산 이 소 로 등 태 산 이 소 천·하 고 관
於海者難爲水, 遊於聖人之門者難爲言.
어 해 자 난 위 수 유 어 성 인 지 문 자 난 위 언

맹자(孟子)께서 말씀하시기를

"공자께서는 동산(東山)에 오르시어 노(魯)나라를 작다 하시고, 태산(泰山)에 오르시어 천하를 작다고 말씀하시니, 그러므로 바다에 가 본 사람은 물 이야기하기를 어려워하고, 성인의 문하에 들어가 공부한 사람은 말하기를 어려워하느니라."

【글자 뜻】 登:오를 등. 魯:나라이름 로. 觀:볼 관. 難:어려울 난. 遊:배울 유(놀 유).

【말의 뜻】 東山:魯나라에 있던 산 이름. 太山:泰山. 중국 五嶽의 하나. 觀於海者:바다에 가 본 사람. 難爲水:물에 대하여 말하기를 어려워함. 遊於聖人之門者:성인의 문하에 들어가 배운 사람. 難爲言:말하기를 어려워함.

【문 법】 而:접속사(~하고서). 小:동사. 故:부사. 於:전치사(~에).

【뜻 풀이】 물 가운데서 가장 큰 것은 바다요, 사람 가운데서 가장 위대한 사람은 성인이다. 작은 내나 강밖에 못 본 사람들은 물의 성질에 대하여 자기가 본 나름대로 이러니저러니 쉽게 말하지만, 넓은 바다에 가서 그 원시적인 양양한 바다를 본 사람은 물에 대하여 감히 이야기하

기를 어려워한다. 이와 마찬가지로 세상 사람들은 대개 아는 체하고 쉽게 떠들어대지만, 성현의 위대한 말씀과 덕행을 본받아 인격이 닦여진 사람은 함부로 입을 열어 말하기를 두려워하는 법이다. 저 공자 같은 성인도 동산에 올라가 보고서야 노나라가 작음을 알았고, 태산에 올라가 보고서야 천하가 작음을 알았던 것이다.

5

〈盡心 上〉

孟子曰 飢者甘食 渴者甘飮 是未得飮食之正也 飢
맹 자 왈 기 자 감 식 갈 자 감 음 시 미 득 음 식 지 정 야 기
渴害之也. 豈惟口腹有飢渴之害. 人心亦皆有害.
갈 해 지 야 기 유 구 복 유 기 갈 지 해 인 심 역 개 유 해
人能無以飢渴之害 爲心害 則不及人不爲憂矣.
인 능 무 이 기 갈 지 해 위 심 해 즉 불 급 인 불 위 우 의

맹자(孟子)께서 말씀하시기를

"굶주린 사람은 달게 먹고 목마른 사람은 달게 마시거니와, 이것은 음식의 올바른 맛을 안 것이 아니라, 굶주림과 목마름이 올바른 맛을 해친 것이니, 어찌 다만 입과 배에만 굶주림과 목마름의 해가 있으랴? 사람의 마음에도 다 해가 되는 것이다. 사람이 능히 굶주림과 목마름의 해를 가지고 마음의 해로 삼지 않는다면, 자기의 부귀가 남에게 미치지 못함을 근심하지 않게 될 것이니라."

【글자 뜻】 飢:주릴 기. 甘:달 감. 渴:목마를 갈. 害:해할 해. 惟:오직 유. 腹:배 복. 皆:다 개. 及:미칠 급. 憂:근심 우.

【말의 뜻】 飢者甘食:굶주린 사람은 달게 먹음. 渴者甘飮:목마른 사람은 달게 마심. 食之正:음식의 바른 맛. 害之:그것(음식의 바른 맛)을 해침. 惟有~亦有:어찌 다만 ~이 있을 뿐이랴, ~도 또한 있게 된다. 口腹有飢渴之害:입과 배에 배고프고 목마름의 해가 있음. 爲心害:마음의 해로 삼음. 能無以~爲:~으로써 ~을 삼지 않는다면. 不及人:부귀함이 남에게 미치지 못함. 不爲憂:근심하지 않음.

【문 법】 是:대명사. 之害之의 之는 대명사, 다른 之는 다 소유격 조사.

豈:부사. 惟 · 亦 · 能:부사. 以:전치사. 則:접속사. 矣:종결조사.

【뜻 풀이】 물욕이 사람의 올바른 마음을 해치게 됨을 비유로 나타낸 글이다. 기갈이 심하면 입과 배가 음식 맛을 분별하는 기능을 상실할 뿐 아니라, 마음에도 악한 생각이 싹트기 쉽다. 그러나 물욕으로 하여 마음이 조금도 해를 입지 않아, 언제나 올바른 마음을 지니고 살아갈 수 있을 만큼 인격이 수양된 사람이라면, 자신의 지위나 부가 남만 못한 것을 가지고 근심하는 일은 없게 될 것이다.

6

〈盡心 上〉

孟子曰 於不可已而已者 無所不已. 於所厚者薄
맹 자 왈 어 불 가 이 이 이 자 무 소 불 이 어 소 후 자 박

無所不薄也. 其進 銳者 其退速.
무 소 불 박 야 기 진 예 자 기 퇴 속

맹자(孟子)께서 말씀하시기를

"그만두어서는 안될 처지인데도 그만두는 사람이라면 그만두지 않는 것이 없고, 후하게 해야 할 처지의 사람인데도 박하게 하는 사람이라면 박하지 않은 데가 없을 것이다. 앞으로 나아감이 날카로운 사람이라면 뒤로 물러남도 빠른 법이니라."

【글자 뜻】 已:말 이(이미 이, 뿐 이). 厚:두터울 후. 薄:엷을 박. 銳:날카로울 예. 速:빠를 속.

【말의 뜻】 於不可已:그만두어서는 안될 처지에서. 而已者:그런데도 그만두는 사람. 無所不已:그만두지 않는 것이 없음. 於所厚者薄:후하게 해야 할 처지의 사람에게 박하게 함. 其進銳者其退速:그 나아감이 날카로운 사람은 그 물러남도 빠르다.

【문　법】 於:전치사(~에서). 而:접속사(~인데도). 其:대명사(강조의 뜻).

【뜻 풀이】 꼭 해야만 할 일을 하지 않는 사람이라면 무엇 하나 이루는 일이 없을 것이요, 마땅히 후하게 대하여야 할 사람에게 박하게 대하는 사람이라면, 종내는 자기 부모나 형제에게까지 박하게 대하고 말 것

이다. 인(仁)을 마음에 지니고 의(義)를 따라 행동하는 사람이라면 언제나 이 기준에 따라, 해야 할 일은 하고 하지 말아야 할 일은 하지 않는다. 그러나 이익만을 추구하는 경박한 사람은 눈앞에 이익이 될 만한 것이 나타나면 곧 나아갔다가는 이익이 없으면 곧 물러나는 것이다.

7

〈盡心 下〉

孟子曰 身不行道 不行於妻子. 使人不以道 不能行於妻子.
맹자왈 신불행도 불행어처자 사인불이도 불능 행어처자

맹자(孟子)께서 말씀하시기를

"자기 자신이 올바른 도리를 행하지 않는다면 처자에게도 바른 도리가 행하여지지 않을 것이며, 사람을 부리되 올바른 도리로써 하지 않는다면 처자에게도 행하게 할 수 없느니라."

【글자 뜻】 妻:아내 처. 使:부릴 사(하여금 사).

【말의 뜻】 身不行道:자신이 올바른 도리를 행하지 않음. 不行於妻子:처자에게도 행하여지지 않음. 使人不以道:사람을 부리되 올바른 도리로써 하지 않음. 不能行於妻子:처자에게도 행하게 할 수 없음.

【문　법】 於:전치사(~에게, ~에게도).

【뜻 풀이】 사람은 우선 자기 자신부터 올바르게 해야 한다. 자신이 올바른 도리를 행하면 아랫사람들은 자연히 따라서 올바르게 되고, 남에게 도리에 맞는 일을 시킨다면 아랫사람도 기꺼이 이에 순종할 것이다. 그러나 자기 자신이 올바르지 못하다면 처자들까지도 올바른 도리를 행하지 않을 것이며, 올바른 도리에 어긋나는 일을 시킨다면 처자들까지도 이에 순종하지 않을 것이다. 그러므로 사람은 우선 자기 자신의 덕을 닦고, 항상 올바른 도리를 행해야 하는 것이다.

8

〈盡心 下〉

孟子曰 周于利者 凶年不能殺 周于德者 邪世不能亂.
맹자왈 주우리자 흉년불능살 주우덕자 사세불능란

맹자(孟子)께서 말씀하시기를

"이익에 철저한 사람은 흉년도 그를 죽이지 못하고, 덕에 철저한 사람은 어지러운 세상도 그의 덕을 어지럽히지 못하느니라."

【글자 뜻】 周:두루 미칠 주(주나라 주, 두루 주). 于:어조사 우. 邪:간사할 사.

【말의 뜻】 周于利者:이익에 철저한 사람. 邪世:바르지 못한 세상. 어지러운 세상. 不能亂:어지럽히지 못함.

【문　법】 於:전치사(~에게, ~에게도).

【뜻 풀이】 평소에 검소한 생활을 하여 재산 관리에 철저한 사람은 아무리 흉년이 들어도 굶어 죽는 일이 없다. 이와 마찬가지로 평소에 인격을 닦아 정의에 철저한 사람이라면, 아무리 어지러운 세상을 당할지라도 불의와 타협하지 않고, 능히 그의 덕을 지켜나갈 수 있는 것이다.

9

〈盡心 下〉

孟子曰 言近而指遠者 善言也. 守約而施博者 善
맹 자 왈 언 근 이 지 원 자 선 언 야 수 약 이 시 박 자 선

道也. 君子之言也 不下帶而道在焉. 君子之守 修
도 야 군 자 지 언 야 불 하 대 이 도 재 언 군 자 지 수 수

其身而天下平. 人病舍其田而芸人之田 所求於人
기 신 이 천 하 평 인 병 사 기 전 이 운 인 지 전 소 구 어 인

者重 而所以自任者輕.
자 중 이 소 이 자 임 자 경

맹자(孟子)께서 말씀하시기를

"말은 비근하되 그 지닌 뜻이 먼 것은 좋은 말이요, 스스로를 지키기는 단속하되 남에게 베풀기를 널리 함은 좋은 도이니, 군자의 말은 허리띠 아래까지 내려가지 않아도 진리가 그 가운데 있고, 군자의 지킴은 자기 몸을 닦을 뿐이로되 천하가 절로 다스려지느니라. 사람의 병폐는 자기 밭의 풀은 놓아두고서 남의 밭의 풀을 김매는 데 있는 것이니, 이는 곧 남에게 요구하기는 무겁게 하고서 자기가 책임지기는 가볍게 하기 때문이니라."

【글자 뜻】 指:뜻 지(가리킬 지). 約:묶을 약(줄일 약, 약속 약). 施:베풀 시. 博:넓을 박. 帶:띠 대. 舍:놓을 사(집 사). 芸:김맬 운. 任:맡을 임. 맡길 임. 輕:가벼울 경.

【말의 뜻】 言近:말이 비근함. 알아듣기 쉽게 말함. 指遠:그 지니는 뜻이 깊고 멂. 指는 旨와 같음. 善言:훌륭한 말. 守約:몸 지키기를 조여 맴. 자신의 행실을 단속함. 施博:남에게 덕 베풀기를 널리 함. 善道:

훌륭한 도임. 不下帶:허리띠 아래까지 내려가지 않음. 아주 가까움의 뜻. 가슴과 마음. 人病:사람들의 병폐. 舍其田:자기의 밭은 놓아 둠. 芸人之田:남의 밭을 김맴. 求於人者:남에게 요구하는 것. 自任者:스스로 책임지는 것.

【문　법】 而:접속사(~하고, ~하되). 之:소유격 조사. 於:전치사(~에게).

【뜻 풀이】 말은 달변이나 능변이라야 하는 것이 아니다. 누구나 들어서 알기 쉽도록 말하되 그 가운데 참다운 뜻이 들어 있어야 한다. 덕이 높은 사람의 말은 허리띠를 내려가지 않을 만큼 비근한 것이로되, 그것이 가슴속에서 나온 말이므로 그 가운데 진리가 담겨져 있게 마련이다. 또 행동은 꼭 많이 해야만 좋은 것이 아니다. 자기의 행동을 단속하고 신중히 하여 그 덕이 널리 퍼지게 해야 하는 것이다. 옛날의 어진 임금은 자기 한 몸을 닦을 뿐인데도 천하가 절로 다스려졌던 것이다.

그런데 세상 사람들은 어떠한가? 자신의 인격을 닦는 일은 소홀히 하면서도 남의 작은 잘못을 들추어 평하기를 좋아한다. 이는 마치 잡초가 우거진 자기 논밭은 버려 두고서 남의 논밭의 풀을 뽑는 격이다.

10

〈盡心 下〉

孟子曰 養心莫善於寡欲. 其爲人也寡欲 雖有不存
맹 자 왈 양 심 막 선 어 과 욕 기 위 인 야 과 욕 수 유 부 존

焉者 寡矣. 其爲人也多欲 雖有存焉者 寡矣.
언 자 과 의 기 위 인 야 다 욕 수 유 존 언 자 과 의

맹자(孟子)께서 말씀하시기를

"마음을 수양함에는 욕심을 적게 함보다 좋은 방법이 없다. 그 사람됨이 욕심이 적으면, 비록 어진 본성을 지니고 있지 않은 사람이 있을지라도 적을 것이요, 그 사람됨이 욕심이 많다면, 설사 어진 본성을 지니고 있는 사람이 있을지라도 적을 것이니라."

【글자 뜻】 寡:적을 과. 欲:욕심 욕(하고자할 욕). 雖:비록 수. 存:있을 존.

【말의 뜻】 養心:마음을 수양함. 莫善於~:~보다 좋은 것이 없다. 寡欲:욕심이 적음. 욕심을 적게 함. 爲人:사람의 됨됨이. 存焉者:본성을 지닌 사람.

【문 법】 於:전치사(~보다). 其:대명사. 雖:부사.

【뜻 풀이】 인간의 모든 불의와 부정은 따지고 보면 모두 욕심에서 나오지 않는 것이 없다. 그러므로 자신의 인격을 수양하려면, 무엇보다도 마음속에서 때때로 고개를 들고서 일어나는 이 욕심을 제거해야 하는 것이다. 그러나 인의(仁義)가 사람의 본성이라면 욕심도 하나의 타고난 본성이라 할 수 있을 만큼 세상에 욕심이 없는 사람은 거의 없다. 그리고 정당하고 적당한 욕망은 인간 활동의 활력소로서 자기 한 몸

뿐 아니라 사회나 국가의 발전을 위해서도 바람직한 일이다. 문제는 분수에 넘치는 지나친 욕심이 해로운 것이다. 이 지나친 욕심으로 말미암아, 자기의 한 몸과 집안과 나라를 망치게 되며, 나아가서는 인류의 역사를 투쟁의 역사로까지 만들어 온 것이다.

이 글은 결국 욕심이 적은 사람치고서 인의(仁義)를 가지지 않은 사람이 드물고, 욕심이 많은 사람치고서 인의(仁義)를 지닌 사람이 드문 법이니, 자신의 인격을 닦으려면 욕심을 줄이는 것이 가장 좋은 방법이란 뜻이다.

제 3 편
대학
(大學)

공자의 제자인 증자(曾子)의 저작이라 하나 분명치 않다. 원래는 〈예기(禮記)〉 가운데 한 편으로 실려 있는 것으로, 주희(朱熹)가 그 차례를 바로잡고 장(章)과 구(句)로 정리하여 〈대학 장구(大學章句)〉를 만들었다. 〈대학〉은 고대 대학의 교육 이념을 밝힌 것으로, 경문(經文) 1장과 전문(傳文) 10장으로 되어 있다. 경문에서는 대학 교육의 세 강령(綱領)과 여덟 조목(八條目)을 제시하고, 전문에서는 이를 다시 해설하고 있다.

1

〈經文〉

大學之道 在明明德 在親民 在止於至善.
대 학 지 도 재 명 명 덕 재 친 민 재 지 어 지 선

대학(大學)의 길은 밝은 덕을 밝힘에 있으며, 백성을 새롭게 함에 있으며, 지극한 선에 머무름에 있다.

【글자 뜻】 明:밝힐 명. 밝을 명. 德:덕 덕. 親:새롭게 할 신(친할 친, 어버이 친). 止:머무를 지. 至:지극할 지(이를 지).

【말의 뜻】 大學之道:대학의 길. 대학에서 공부하는 길. 大學은 小學의 대칭으로 일컬은 말. 大人之學. 在:~에 있다. 明明德:밝은 덕을 밝힘. 明德은 사람이 타고난 도리의 밝은 본성. 親民:백성을 친애함. 백성을 새롭게 함. 止於至善:지극한 선에 머무름. 가장 알맞은 도리에 머물러 이에서 벗어나지 않음. 至善은 가장 알맞은 도리.

【문 법】 之:소유격 조사. 明:앞의 明은 동사, 뒤의 明은 형용사. 於:전치사(~에).

【뜻 풀이】 옛날의 교육 제도는 8세가 되면 소학(小學)에 입학하여 일상생활의 예의 범절과 생활에 필요한 기초적인 교양을 배웠으며, 15세가 되면 왕족과 귀족들의 자제와 평민의 준수한 자제들은 다시 대학(大學)에 입학하여 스스로의 인격을 닦고 백성을 다스리는 수신(修身)·제가(齊家)·치국(治國)·평천하(平天下)의 법도를 배우게 하여 장차 국가의 지도적인 인물로 양성했다.

〈대학(大學)〉이란 책은 옛날 대학 교육의 지침이며, 이 글은 그 세

가지 목표로서, 이를 대학(大學)의 세 강령(三綱領)이라고 한다.

- **明明德** — 자신의 인격을 수양하라. 사람은 누구나 처지가 딱한 사람을 불쌍히 여기고, 스스로의 잘못을 부끄러워하고, 남에게 사양하고, 옳고 그름을 분별하는 마음을 지니고 있다. 이와 같은 마음은 본래 사람마다 타고난 것으로, 이를 일러 밝은 덕(明德)이라 한 것이다. 그러나 사람은 후천적인 환경과 습관과 기질에 의해 차츰 악에 물들고 욕심이 생기게 됨에 따라, 이 타고난 밝은 덕이 가려져 점점 어둡게 되는 것이다. 그러므로 장차 국가나 사회의 지도적 위치에 설 사람이나 자신의 인격을 닦으려는 사람은 모름지기 사람의 올바른 도리를 알고, 욕심과 악한 마음을 제거하고 타고난 착한 본성을 기르도록 힘써야 하는 것이다. 이것이 곧 수신(修身)인 것이다.
- **親(新)民** — 스스로의 덕으로 사람들을 감화시켜라. 한 사람의 높은 인격은 필연적으로 사람들에게 감화를 주게 마련이다. 스스로의 타고난 밝은 덕을 밝게 닦아 몸에 가득 채우게 되면, 그의 아름다운 덕은 몸에서 넘쳐흘러 가정과 집안에 번지고, 이웃과 온 나라에 번지고, 나아가서는 온 인류에게까지 번져 나가, 모든 사람의 덕을 새로워지게 감화시킬 수 있는 것이다. 즉 명명덕(明明德)은 수신(修身)→제가(齊家)→치국(治國)→평천하(平天下)로 번져 나가게 되는 것이다.
- **止於至善** — 언제나 가장 알맞은 도리에 머물러라. 여기에서 말하고 있는 지선(至善)이란 하늘의 도리와 자연의 법칙에 가장 알맞은 경지, 조금도 기울고 치우침이나 지나치고 모자람이 없는 중용(中庸)의 도리라는 뜻이다. 따라서 자신의 덕을 닦는 명명덕(明明德)에서, 자신의 덕으로 사람들을 감화시키는데, 즉 모든 생각과 말과 행동이 항상 이 중용에 머물러 잠시도 이에서 벗어나지 말아야 한다는 뜻이다.

2

〈經文〉

知止而后有定 定而后能靜 靜而后能安 安而后能
지 지 이 후 유 정 정 이 후 능 정 정 이 후 능 안 안 이 후 능

慮 慮而后能得.
려 여 이 후 능 득

머무를 데를 안 뒤에야 마음이 정하여짐이 있나니, 마음이 정하여진 뒤에야 능히 고요해질 수 있으며, 고요해진 뒤에야 능히 편안해질 수 있으며, 편안해진 뒤에야 능히 생각할 수 있으며, 생각한 뒤에야 능히 머무를 데를 얻을 수 있느니라.

【글자 뜻】 后:뒤 후(왕후 후). 能:능할 능. 靜:고요할 정. 慮:생각할 려. 得:얻을 득.

【말의 뜻】 知止而后:머무를 데를 안 뒤에라야. 止는 止於至善. 有定:정하여짐이 있음. 마음이 정하여짐. 靜:안정되어 동요되지 않음. 安:편안히 자리잡음. 慮:올바로 생각함. 得:머무를 데를 얻음. 至善에 머물게 됨.

【문 법】 而:접속사(~하고서, ~하고서야). 能:부사.

【뜻 풀이】 이 대문은 앞글에서 말한 '止於至善'이 이루어지기까지의 과정을 자세히 밝힌 글이다. 사람이 언제나 중용에서 벗어나지 않고 최선의 올바른 방법으로 세상을 살아간다는 것은 지극히 어려운 일이다. 그러기 위하여서는 우선 그 최선의 올바른 방법, 머무를 데를 먼저 알아야 한다. 그것이 최선의 옳은 방법임을 알아야만 마음의 방향이 정하여지게 되기 때문이다. 마음이 정하여지기만 하면 능히 유혹

이나 욕심에 동요됨이 없이 고요해질 수 있으며, 마음이 잔잔한 호수처럼 고요하여 동요됨이 없기만 하면, 마음은 편안히 자리잡아 평정한 상태가 유지될 수 있으며, 이와같이 마음이 평정을 유지하는 상태에서라야 공평 무사(公平無私)한 올바른 생각을 할 수 있으며, 생각과 판단이 올바른 뒤에야 머물러야 할 최선의 옳은 방법을 얻어 거기에 머무를 수 있는 것이다.

3

〈經文〉

物有本末 事有終始 知所先後則近道矣.
물 유 본 말 사 유 종 시 지 소 선 후 즉 근 도 의

모든 사물에는 근본과 말단이 있고, 모든 일에는 시작과 끝이 있나니, 그 먼저 할 바와 뒤에 할 바를 알면 도리에 가까우니라.

【글자 뜻】 物:만물 물. 本:근본 본. 末:끝 말. 終:마침 종. 始:시작 시(비로소 시).

【말의 뜻】 物有本末:모든 사물에는 근본과 말단이 있음. 事有終始:모든 사물에는 시작과 끝이 있음. 知所先後:먼저 할 것과 뒤에 할 것을 앎. 近道:도에 가까움. 道는 大學之道.

【문 법】 先後:동사. 則:접속사(~하면 곧). 矣:종결조사.

【뜻 풀이】 이 대문에는 앞의 두 글을 끝맺은 글이다. 세상의 모든 일에는 근본적인 것과 말단적인 것, 시작과 끝이 있게 마련이다. 앞글에서 본 자신의 덕을 닦는 '명명덕(明明德)' 은 근본이요, 남을 새로워지게 이끌어 주는 '친민(親民)' 은 말단이며, 머물러야 할 지선(至善)을 아는 '지지(知止)' 는 시작이요, 지선(至善)을 얻어 거기에 머무는 '능득(能得)' 은 끝이다. 따라서 근본인 명명덕(明明德)은 먼저 하고 말단인 친민(親民)은 뒤에 하며, 시작인 지지(知止)는 먼저 하고 끝인 능득(能得)은 뒤에 해야 하는 것이다. 이 이치를 따라서 행하는 것이 대학(大學)의 도에 가까이 이르는 방법인 것이다.

4

〈經文〉

古之欲明明德於天下者 先治其國 欲治其國者 先齊其家 欲齊其家者 先修其身 欲修其身者 先正其心 欲正其心者 先誠其意 欲誠其意者 先致其知 致知在格物.
고지욕명명덕어천하자 선치기국 욕치기국자 선제기가 욕제기가자 선수기신 욕수기신자 선정기심 욕정기심자 선성기의 욕성기의자 선치기지 치지재격물

옛날의 밝은 덕을 천하에 밝히려고 한 이는 먼저 그의 나라를 다스렸고, 그의 나라를 다스리려고 한 이는 먼저 그의 집안을 바로잡았고, 그의 집안을 바로잡으려고 한 이는 먼저 그의 몸을 닦았고, 그의 몸을 닦으려고 한 이는 먼저 그의 마음을 바르게 하였고, 그의 마음을 바르게 하려고 한 이는 먼저 그의 뜻을 진실되게 하였고, 그의 뜻을 진실되게 하려고 한 이는 먼저 그의 앎을 이루었으니, 앎을 이룸은 사물의 이치를 밝힘에 있느니라.

【글자 뜻】欲:하고자할 욕. 治:다스릴 치. 齊:가지런히할 제(제나라 제). 修:닦을 수. 身:몸 신. 誠:참되게할 성(정성 성). 意:뜻 의. 致:이룰 치(이를 치). 格:밝힐 격(격식 격).

【말의 뜻】欲明明德於天下:자기의 밝은 덕을 온 천하에 펴서 밝히려 함. 天子가 되어 천하를 다스리려 함. 齊其家:자기 집안을 가지런히 다스림. 修其身:자기의 몸을 닦음. 正其心:자기의 마음을 바르게 함. 誠其意:자기 뜻을 진실되게 함. 致其知:자기의 앎을 이룸. 格物:사물의

이치를 밝힘.

【문 법】之:소유격 조사(~의). 欲:조동사(~하려 함). 於:전치사(~에). 其:대명사(그, 그의).

【뜻 풀이】우리는 첫머리에서 〈대학(大學)〉의 세 강령(綱領)이 '明明德 · 親民 · 止於至善' 임을 알았다. 여기에서는 이 강령을 펴 나가는 과정을 풀이하고 그 차례와 조목(條目)을 밝히고 있다. 이 글에서 열거하고 있는 것을 그 근본의 순서대로 거꾸로 들면 '格物 · 致知 · 誠意 · 正心 · 修身 · 齊家 · 治國 · 明明德於天下(平天下)' 로 된다.

이 여덟 조목을 〈대학(大學)〉의 '8조목' 이라 하며, 이는 '세 강령' 과 아울러 〈대학〉 전체의 내용을 총괄적으로 제시하고 있다.

온 세상 사람들로 하여금 그들이 타고난 밝은 덕성(德性)을 발휘하게 하여 천하를 태평스럽게 다스리려고 한 옛날의 어진 임금들은 먼저 '平天下' 의 근본인 자기 나라부터 잘 다스렸다. 그리고 자기 나라를 잘 다스리려고 한 어진 임금은 '治國' 의 근본인 자기 집안부터 바로잡았고, 자기 집안을 바로잡으려고 한 사람은 '齊家' 의 근본인 자기 몸부터 잘 닦았다. 덕이란 자기 한 몸에 근원을 두고 '修身→齊家→治國→平天下' 로 번지게 마련인 것이다. 그러면 자기의 한 몸은 어떻게 닦아야 하는가? 자기의 몸을 잘 닦으려면 먼저 마음의 근원인 뜻을 참되게 해야 하며, 자기의 뜻을 참되게 하려면 먼저 뜻의 근원인 앎을 명백히 이루어야 하고, 앎을 명백히 하려면 그 대상인 사물의 이치를 투철히 밝혀야만 하는 것이다. 즉 '格物→致知→誠意→正心→修身' 의 과정을 거쳐 수신(修身)은 이루어지는 것이다.

5

〈經文〉

其本亂而末治者 否矣 其所厚者薄而其所薄者厚
기 본 난 이 말 치 자 부 의 기 소 후 자 박 이 기 소 박 자 후
未之有也.
미 지 유 야

그 근본이 어지러우면서도 말단이 다스려지는 일은 없으며, 그 두터이 해야 할 바에 박하게 하면서도 박하게 할 바에 두터이 하는 일은 있지 않으니라.

【글자 뜻】 亂:어지러울 란. 末:끝 말. 否:없을 부(아니 부). 厚:두터울 후. 薄:얇을 박.

【말의 뜻】 本亂:근본이 어지러움. 근본이란 자기 자신의 덕을 말함. 末治:말단이 다스려짐. 말단이란 齊家 · 治國 · 平天下를 가리킴. 否矣:없다. 所厚者:두터이 해야 할 처지. 齊家를 말함. 所薄者:박하게 할 처지. 나라와 天下를 말함. 未之有也:있지 아니함. 그런 일이 이제까지 없었음.

【문 법】 其:대명사. 강조의 뜻. 而:접속사(~면서도). 之:대명사.

【뜻 풀이】 앞에서 본 바와 같이 사람은 누구나 자기의 인격을 닦는 '修身'이 가장 근본이니 근본 자체가 닦여져 있지 않다면, 집안 · 나라 · 천하는 도저히 잘 다스려질 수 없는 것이다. 그리고 덕과 사랑이란 자기 몸에서 우러나와 집안→이웃→나라→세계로 번져 나가게 마련이므로, 그 농도(濃度) 또한 자기에게 가까울수록 짙고, 멀수록 엷게 되는 것이다. 따라서 애정이 두터운 가까운 집안조차 다스리지 못하는 사람이라

면 애정이 옭은 나라나 천하는 도저히 다스릴 수 없는 것이다.

6

〈傳文〉

湯之盤銘曰 苟日新 日日新 又日新.
탕 지 반 명 왈 구 일 신 일 일 신 우 일 신

탕왕(湯王)의 반명(盤銘)에 이런 말이 있다.
"진실로 하루가 새롭게 되거든 나날이 새롭게 하고, 또 날로 새롭게 하라."

【글자 뜻】 湯:탕임금 탕(끓일 탕). 盤:대야 반(소반 반). 銘:새길 명. 苟:진실로 구.

【말의 뜻】 湯:殷나라 湯王. 盤銘:대야에 새겨 놓은 훈계하는 말. 苟日新:진실로 하루라도 (덕이) 새로워짐. 日日新:날마다 더욱 새로워지게 함. 又日新:또 날로 새롭게 함. 조금도 쉬지 않고 더욱 덕을 새로워지게 함의 뜻.

【문 법】 苟:부사(진실로, 만일). 又:부사.

【뜻 풀이】 탕왕은 중국의 옛날 성군(聖君)이라고 일컬어지는, 은(殷)나라를 세운 임금이다. 그는 자신이 사용하는 목욕하는 그릇에 계명(戒銘)을 새겨 놓고, 목욕할 때마다 스스로를 훈계하는 교훈으로 삼았다고 한다. 마치 목욕으로 때를 떨어 몸을 새롭게 하듯이, 하루라도 마음을 닦아 덕이 새로워지거든 날마다 그 덕을 닦아 더욱 새로워지게 하고, 하루도 그침이 없이 더욱 마음을 닦아 덕을 새로워지게 해야 한다는 뜻이다.

7

〈傳文〉

所謂誠其意者毋自欺也 如惡惡臭 如好好色 此之
소 위 성 기 의 자 무 자 기 야 여 오 악 취 여 호 호 색 차 지
謂自謙 故君子必愼其獨也.
위 자 겸 고 군 자 필 신 기 독 야

이른바 자기의 뜻을 진실되이 하여야 한다고 함은 자기의 마음을 스스로 속이지 않는 일이다. 마치 나쁜 냄새를 싫어하듯이 하고, 마치 아름다운 경치를 좋아하듯이 하는 것, 이것을 일러 스스로를 만족시킨다고 하거니와, 그러므로 군자는 반드시 자기 홀로를 삼가야 하느니라.

【글자 뜻】 毋:말 무. 欺:속일 기. 惡:싫어할 오(악할 악). 臭:냄새 취. 色:빛 색. 謙:만족할 겸(겸손할 겸). 愼:삼갈 신. 獨:홀로 독.

【말의 뜻】 所謂誠其意者:이른바 자기의 뜻을 진실되게 해야 한다고 한 것. 經文 八條目에서 말한 것. 自欺:스스로 자기를 속임. 惡惡臭:(오악취)나쁜 냄새를 싫어함. 好好色:아름다운 경치를 좋아함. 自謙:스스로 만족시킴. 謙은 慊과 같음. 愼其獨:자기 홀로 조심함.

【문 법】 毋:금지사(~하지 말라. ~하지 맒). 惡惡臭:앞의 惡은 동사, 뒤의 惡은 형용사. 好好色:앞의 好는 동사, 뒤의 好는 형용사. 此之謂:此는 대명사(목적어), 謂는 타동사, 之는 목적어 밑에 붙는 조사. 必:부사. 其:대명사.

【뜻 풀이】 이 글은 경문(經文)에서 열거한 '八條目' 중의 '誠意'에 대하여 해설한 것이다. 대저 자신의 인격을 닦으려는 사람은 모름지기 먼저 자신의 마음을 바르게 지녀야 하거니와, 마음을 바르게 하려면 먼

저 자기의 뜻을 진실되게 하여야 한다. 뜻을 진실되게 한다 함은 무엇인가? 그것은 곧 스스로가 자기의 마음을 속이지 않는 일이다. 사람은 누구나 나쁜 냄새가 나면 이를 싫어하여 코를 막으며, 좋은 경치가 나타나면 이를 보기 좋아한다. 악한 일이나 악한 생각은 마치 나쁜 냄새를 싫어하듯이 싫어하고, 선한 일이나 선한 생각은 마치 아름다운 경치를 좋아하듯이 좋아하는 것이 곧 자기를 속이지 않고 본성(本性)을 만족시키는 일이다. 그러므로 사람은 남들이 보는 앞에서뿐만 아니라, 아무도 보고 듣는 사람이 없을 때 더욱 조심하여 선에서 벗어나지 않도록 해야 하는 것이다. 설사 사람들은 속일 수 있을지라도 스스로의 양심은 속일 수 없는 것이다.

8

〈傳文〉

小人閒居 爲不善無所不至 見君子而后 厭然揜其
소 인 한 거 위 불 선 무 소 불 지 견 군 자 이 후 염 연 엄 기

不善 而著其善 人之視己如見其肺肝然 則何益矣
불 선 이 저 기 선 인 지 시 기 여 견 기 폐 간 연 즉 하 익 의

此謂誠於 中形於外 故君子必愼其獨也.
차 위 성 어 중 형 어 외 고 군 자 필 신 기 독 야

소인은 한가히 홀로 있으면 악한 짓을 하여 이르지 않는 바가 없다가, 군자를 본 뒤에야 슬쩍 자신의 악함을 감추고서 그 선함을 드러내거니와, 사람들이 자기를 봄이 마치 그 폐와 간까지 들여다보듯이 하나니, 무슨 소용이 있겠는가? 이를 일러 '안에 있는 진실이 겉으로 나타난다' 고 하나니, 그러므로 군자는 반드시 자기 홀로를 삼가야 하느니라.

【글자 뜻】 閒:한가할 한. 后:뒤 후. 厭:가릴 염(싫을 염). 揜:가릴 엄. 掩과 같음. 著:나타날 저. 視:볼 시. 己:몸 기. 肺:폐 폐. 肝:간 간. 益:이할 익. 形:나타날 형(형상 형).

【말의 뜻】 閒居:한가히 거처함. 남들이 보지 않는 곳에 홀로 있음의 뜻. 不善:선하지 못함. 악함. 無所不至:이르지 않는 곳이 없음. 厭然:슬쩍 가리는 모양. 揜其不善:자기의 악함을 가리어 숨김. 著其善:자기의 선한 것을 드러내 보임. 人之視己:사람들이 자기를 봄. 如見其肺肝然:마치 그의 폐와 간까지 들여다봄과 같음. 如~然은 마치 ~하듯함의 뜻. 何益矣:무슨 소용이 있으랴. 誠於中:마음속이 진실함. 마음속에 지닌 진실. 形於外:겉으로 나타냄.

【문 법】 無~不~:이중 부정. 而:접속사(~하고서). 其:대명사. 之:주

격조사. 然則:부사. 於:전치사(~에, ~으로).

【뜻 풀이】 앞글에 이어 스스로 자기를 속이지 말아야 함을 강조한 글이다.

인격이 수양되지 않은 소인은 아무도 보는 사람이 없는 데서는 악한 짓을 하여 온갖 잘못을 저지른다. 그러다가 군자의 덕행을 보게 되면 부랴부랴 자신의 악함을 감추고 그 선한 면을 드러내 보이려 한다. 그러나 사람들이 그를 바라보는 눈이란 마치 그의 창자 속까지 들여다보듯이 날카로운 법이니, 그의 이런 꾸밈이 무슨 소용이 있으랴! 속에 지닌 진실은 그대로 겉으로 나타나게 마련인 것이다. 그러므로 인격을 닦으려는 사람은 모름지기 자기만이 아는 홀로의 마음을 스스로 삼가야 하는 것이다.

9

〈傳文〉

曾子曰 十目所視 十手所指 其嚴乎.
증 자 왈 십 목 소 시 십 수 소 지 기 엄 호

증자(曾子)께서 말씀하시기를

"열 눈이 보는 바이며 열 손이 가리키는 바이니, 그 두려워할지로다!"

【글자 뜻】 指:가리킬 지(손가락 지). 嚴:삼갈 엄(엄할 엄).

【말의 뜻】 曾子:孔子의 제자. 十目所視:열 눈이 보는 바임. 十手:열 손. 여러 사람의 손. 嚴:삼가고 두려워함.

【문　법】 其:강조의 뜻을 나타내는 대명사. 乎:감탄종결조사.

【뜻 풀이】 앞글을 강조하기 위하여 증자의 말씀을 인용한 것이다.

"여러 사람들의 눈길이 항상 나를 감시하고 있으며, 여러 사람들의 손가락이 항상 나를 가리키고 있으니, 어찌 가히 한시라도 마음과 행동을 삼가고 두려워하지 않을 수 있으랴!" 사람은 일생 동안을 언제나 여러 사람들의 감시 속에서 살아가게 마련이며, 그 감시를 벗어날 수 없는 법이다. 그들은 나의 일거 일동뿐 아니라 속마음까지도 환히 꿰뚫어보고 있다. 어찌 잠시라도 마음과 말과 행동을 삼가지 않을 수 있으랴!

10

〈傳文〉

富潤屋 德潤身.
부 윤 옥 덕 윤 신

부(富)는 집을 윤택하게 하고, 덕은 몸을 윤택하게 하느니라.

【글자 뜻】 潤:윤택할 윤. 屋:집 옥.

【말의 뜻】 富潤屋:부는 집안을 윤택하게 함. 德潤身:덕은 몸을 윤택하게 함.

【뜻 풀이】 집안에 재산이 넉넉해지면 집이 윤택해지듯이, 사람은 덕이 넉넉해져야 인격이 윤택해지게 마련이다. 그리고 덕이란 올바르고 선한 마음을 항상 지니고, 올바르고 선한 일을 꾸준히 행할 때 넉넉해지는 법이다.

11

〈傳文〉

心不在焉 視而不見 聽而不聞 食而不知其味.
심 부 재 언 시 이 불 견 청 이 불 문 식 이 부 지 기 미

마음이 이에 있지 않으면 보아도 보이지 않으며, 들어도 들리지 않으며, 먹어도 그 맛을 모르느니라.

【글자 뜻】 焉:이 언(어조사 언, 어찌 언). 聽:들을 청. 味:맛 미.

【말의 뜻】 心不在焉:마음이 이에 있지 않음. 마음이 제자리에 있지 않음. 視而不見:보아도 보이지 않음. 聽而不聞:들어도 들리지 않음. 食而不知其味:먹어도 그 맛을 모름.

【문 법】 焉:대명사(여기에). 而:접속사(~하여도, ~할지라도).

【뜻 풀이】 마음은 몸의 주인이다. 만일 마음이 욕심이나 감정에 이끌리어 제자리에 바르게 자리잡고 있지 못하다면, 몸을 통솔하는 기능이 마비되어, 사물을 볼지라도 올바르게 보이지 않고, 말과 소리를 들을지라도 올바르게 들리지 않으며, 음식을 먹어도 그 올바른 맛을 모르게 되는 것이다. 그러므로 올바로 보고, 올바로 듣고, 올바로 생각하고, 올바로 행동하려면 마음을 항상 제자리에 편안히 지니고 있어야 하는 것이다.

12

〈傳文〉

人莫知其子之惡 莫知其苗之碩.
인 막 지 기 자 지 악 막 지 기 묘 지 석

사람들은 자기 자식의 악함을 알지 못하고, 자기 싹의 큼을 알지 못하느니라.

【글자 뜻】 莫:없을 막(말 막). 苗:싹 묘. 碩:클 석.

【말의 뜻】 莫知:알지 못함. 其子之惡:자기 자식의 악함. 其苗之碩:자기 싹의 큼.

【문 법】 其:대명사. 之:소유격 조사.

【뜻 풀이】 사람의 마음이란 인격을 수양하지 않고서는 공명 정대(公明正大)함을 이루기 어려운 것이다. 자기의 자식이라면 비록 악한 짓을 할지라도 애정이 마음을 가리기 때문에 귀엽게 생각된다. 그러나 재물에선 또 욕심이 마음을 가리기 때문에 자기의 것이 작아 보이게 마련인 것이다. 즉 자기 곡식의 싹이 다른 사람의 곡식의 싹보다 작게 생각되는 것이다.

13

〈傳文〉

所惡於上毋以使下 所惡於下毋以事上 所惡於前
소 오 어 상 무 이 사 하 소 오 어 하 무 이 사 상 소 오 어 전
毋以先後 所惡於後毋以從前 所惡於右毋以交於
무 이 선 후 소 오 어 후 무 이 종 전 소 오 어 우 무 이 교 어
左 所惡於左毋以交於右 此之謂絜矩之道.
좌 소 오 어 좌 무 이 교 어 우 차 지 위 혈 구 지 도

윗사람에게서 싫어한 바로써 아랫사람을 부리지 말며, 아랫사람에게서 싫어한 바로써 윗사람을 섬기지 말며, 앞사람에게서 싫어한 바로써 뒷사람을 앞서지 말며, 뒷사람에게서 싫어한 바로써 앞사람을 뒤따르지 말며, 오른편에서 싫어한 바로써 왼편에 건네지 말며, 왼편에서 싫어한 바로써 오른편에 건네지 말아야 하나니, 이것을 '혈구지도(絜矩之道)' 라 이르느니라.

【글자 뜻】 惡:싫어할 오(악할 악). 毋:말 무. 使:부릴 사. 事:섬길 사(일 사). 從:좇을 종. 交:건넬 교(사귈 교). 絜:잴 혈. 矩:곡척 구. 법 구.

【말의 뜻】 所惡於上:윗사람에게 싫다고 느낀 것. 毋以使下:그것으로 아랫사람을 부리지 말아야 함. 事上:윗사람을 섬김. 所惡於前:앞에 가는 사람에게서 싫다고 느낀 것. 先後:뒤에 오는 사람에게 앞섬. 從前:앞에 가는 사람을 뒤따름. 交於左:왼편 사람에게 건네줌. 왼편 사람과 사귐. 絜矩之道:내 마음을 미루어 남을 헤아리는 道.

【문　법】 於:전치사(~에서, ~에게). 毋:금지사. 以:전치사.

【뜻 풀이】 사람을 다스릴 때는 모름지기 상대방의 처지를 헤아려, 그들이

좋아하는 바를 베풀어주고, 그들이 싫어하는 바를 베풀지 말아야 한다. 그러면 상대방의 처지를 어떻게 해서 헤아려야 하는가? 그것은 자기의 마음을 미루어, 상대방의 입장이 되어 보면 헤아릴 수 있는 것이다. 이것이 곧 사람을 다스리는 법도로, 여기에서 말하는 '혈구지도(絜矩之道)' 이며, 〈대학(大學)〉에서는 이 '혈구지도(絜矩之道)' 가 상당히 큰 비중을 차지하고 있다.

혈(絜)은 헤아림이요, 구(矩)는 자(曲尺)이니, '혈구(絜矩)' 란 자로 사물을 정확히 재듯이, 내 마음을 자로 삼아 남의 마음을 헤아림의 뜻이다. 공자의 중심 사상이 인(仁)이요, 인(仁)은 곧 '내가 싫어하는 바를 남에게 베풀지 않는 己所不欲 勿施於人' 어진 마음이니, '혈구지도(絜矩之道)' 란 결국 인(仁)을 표준으로 삼는 정치의 법도라 하겠다.

아랫사람을 부릴 때에는 내가 윗사람에게서 당했을 때의 마음을 미루어 부려야 하고, 윗사람을 섬길 때에는 내가 아랫사람에게서 느낀 마음을 미루어 섬겨야 한다. 이와 마찬가지로, 앞사람에게서 느낀 바로써 뒷사람을 헤아리고, 뒷사람에게서 느낀 바로써 앞사람을 헤아려야 하며, 옆 사람에게서 느낀 바로써 옆 사람을 헤아려야 한다. 이것이 곧 '혈구지도(絜矩之道)' 이니, 나라를 다스리는 법도일 뿐 아니라, 모든 대인 관계에서 지켜야 할 도리인 것이다.

14

〈傳文〉

德者本也 財者末也.
덕 자 본 야 재 자 말 야

덕은 근본이요, 재물은 말단이다.

【글자 뜻】財:재물 재. 末:끝 말.

【말의 뜻】德者本也:덕은 근본이다. 財者末也:재물은 말단이다.

【문 법】者:명사형 조사.

【뜻 풀이】〈대학〉 제10장 후반에는 재물과 국가 경제에 대하여 언급하고 있다. 대저 한 가정이나 국가를 다스릴 때는 이 경제적인 면을 소홀히 할 수 없다. 뿐만 아니라 재물은 누구나 바라는 바로 사람의 욕심을 자극하여 올바른 마음을 흔들어 놓기 일쑤인 것이다. 그러나 재물이란 육체가 먹고살기 위하여 필요한 데 불과한 것이니, 재물로 하여 귀중한 인간성마저 상실해서는 안 되는 것이다. 그러므로 여기에서 '덕은 근본이요, 재물은 말단이다.' 라고 강조한 것이다. 그러나 세상에는 재물을 근본으로 삼고 덕을 말단적인 폐물로 여기고 사는 사람이 얼마나 많은 것인가!

15

〈傳文〉

財聚則民散 財散則民聚.
재 취 즉 민 산 재 산 즉 민 취

재물이 모이면 민심이 흩어지고, 재물이 흩어지면 민심이 모이느니라.

【글자 뜻】 聚:모을 취. 散:흩어질 산.

【말의 뜻】 財聚則民散:재산을 모으면 백성이 흩어짐. 위정자가 재물을 거두어들이면 민심이 떨어져 나감의 뜻. 財散則民聚:재산을 흩뜨리면 백성이 모여듦. 위정자가 백성을 위하여 재물을 사용하면 민심이 쏠림의 뜻.

【뜻 풀이】 앞에서 본 바와 같이 덕은 근본이요 재물은 말단이다. 위정자가 덕을 존중하여 백성들을 중히 여기고 재물을 가벼이 여겨, 재물을 백성들을 위하여 쓴다면 국민의 생활은 안정되고 민심이 그에게로 집중될 것이다. 그러나 이와 반대로 재물을 중히 여기고 백성을 가벼이 여겨 백성들에게서 재물을 마구 거두어들인다면, 국민의 생활은 도탄에 빠져 민심이 그에게서 떠나게 되는 것이다.

16

〈傳文〉

言悖而出者亦悖而入 貨悖而入者亦悖而出.
언 패 이 출 자 역 패 이 입 화 패 이 입 자 역 패 이 출

말이 거슬리어 나간 것은 또한 거슬리어 들어오고, 재물이 거슬리어 들어온 것은 또한 거슬리어 나가느니라.

【글자 뜻】悖:거스를 패. 어그러질 패. 貨:재물 화.

【말의 뜻】言悖而出:말이 도리에 거슬리어 나감. 悖而入:도리에 거슬려서 들어옴.

【문　법】而:접속사(~하여서). 者:명사. 亦:부사.

【뜻 풀이】"가는 말이 고와야 오는 말이 곱다."라는 속담이 있다. 이쪽에서 도리에 어긋나는 말을 내보내면 저쪽에서도 도리에 어긋나는 말을 보내온다. 이와 마찬가지로 도리에 어긋나는 방법으로 거두어들인 재산은 역시 도리에 어긋나는 방법으로 나가는 것이 자연의 법칙인 것이다.

"역(逆)으로 나간 말은 역으로 들어오고, 역으로 들어온 재물은 역으로 나간다." 훈계로 삼아야 할 명언이다.

17

〈傳文〉

好人之所惡 惡人之所好 是謂拂人之性 菑必逮夫身.
호인지소오 오인지소호 시위불인지성 재필태부신

사람들이 미워하는 바를 좋아하고, 사람들이 좋아하는 바를 미워하는 것, 이것을 사람 본성에 어긋난다고 이르거니와 반드시 재앙이 그 몸에 미치느니라.

【글자 뜻】 惡:미워할 오(악할 악). 拂:거스를 불(떨칠 불). 菑:재앙 재. 災와 같음. 逮:미칠 태(잡을 체). 夫:그 부(지아비 부).

【말의 뜻】 好人之所惡:사람들이 다 미워하는 것을 홀로 좋아함. 拂人之性:사람의 본성에 거슬림. 菑必逮夫身:재앙이 반드시 그 몸에 미침.

【문　법】 好·惡:동사. 之:소유격 조사(~의). 是:대명사(이것). 必:부사. 夫:대명사(그).

【뜻 풀이】 사람의 본성은 선한 것이다. 그러므로 사람은 선을 좋아하고 악을 미워하게 되는 것이다. 그런데 만일 사람들이 미워하는 악을 좋아하고, 사람들이 좋아하는 선을 미워한다면, 이는 사람으로서의 본성에 반대되는 행위이니, 반드시 재앙을 면할 수 없는 것이다.

18

〈傳文〉

君子有大道 必忠信以得之 驕泰以失之.
군 자 유 대 도 필 충 신 이 득 지 교 태 이 실 지

군자에게 큰 도가 있으니, 반드시 성실과 신의로써 이를 얻고, 교만함과 방자함으로써 이를 잃느니라.

【글자 뜻】忠:진실할 충(충성 충). 驕:교만할 교. 泰:거만할 태(클 태).

【말의 뜻】忠信:성실과 신의. 驕泰:교만하고 방자함.

【문 법】以:전치사. 以忠信 · 以驕泰의 도치형. 之:대명사. 백성을 가리킴. 必:부사. 아래 문장 전체를 수식함.

【뜻 풀이】여기에서 군자란 위정자를 가리키며, 큰길이란 자신의 덕을 닦고 백성을 다스리는 길을 말한다.

위정자가 알아두어야 할 큰길이 있다. 그것은 스스로 성실하고 신의가 있게 하면 민심을 얻게 되고, 스스로 교만하고 방자하면 민심을 잃게 된다는 사실이다.

19

〈傳文〉

仁者以財發身 不仁者以身發財.
인 자 이 재 발 신 　불 인 자 이 신 발 재

어진 사람은 재물로써 몸을 일으키고, 어질지 못한 사람은 몸으로써 재물을 일으킨다.

【글자 뜻】 發:일으킬 발(발할 발).

【말의 뜻】 以財發身:재물로써 몸을 일으킴. 재물을 흩어 백성들의 생활을 안정시킴으로써 몸을 왕성케 함. 以身發財:몸으로써 재물을 일으킴. 덕을 저버려 몸을 망침으로써 재물을 왕성케 함.

【뜻 풀이】 앞에서 "덕은 근본이요, 재물은 말단이다."라고 한 바 있거니와, 여기에서도 덕과 재물과의 관계를 말한 것이다.

어진 사람은 덕을 존중하고 재물을 가벼이 알지만, 어질지 못한 사람은 재물을 존중하고 덕을 가벼이 여긴다. 그러므로 어진 사람은 재물을 흩어 자신의 몸을 왕성케 하지만, 어질지 못한 사람은 자신의 몸을 망치면서까지 재산을 늘리기에 급급한 것이다.

제 4 편
중용
(中庸)

공자의 손자 자사(子思)의 저작이라 전한다. 〈대학〉과 마찬가지로 원래는 〈예기〉 가운데 한 편으로 실려 있었으며, 주희(朱熹)가 〈중용 장구(中庸章句)〉를 편찬한 이후 유명해졌다. 전반에서는 '중용', 후반에서는 '성(誠)'에 대하여 해설하고 있다. '중용' 이란 모든 생각과 말과 행동이 언제나 가장 올바른 도리에 맞아 조금의 모자라고 지나침이 없음을 말하고, '성(誠)' 이란 조금도 꾸밈이 없는 진실됨과 조금도 멈춤이 없는 성실함을 말한다. 이는 곧 우주를 섭리하는 하늘의 도(道)요, 만물을 화육(化育)시키는 땅의 도요, 사람이 지향해서 가야 할 사람의 도인 것이다. 이리하여 〈중용〉은 유교의 심오한 철학 원리가 될 뿐 아니라, 중국 철학의 최고봉이라 일컬어지고 있다.

1

> 天命之謂性 率性之謂道 修道之謂敎.
> 천 명 지 위 성 솔 성 지 위 도 수 도 지 위 교

하늘이 명해 준 것을 본성(本性)이라 하고, 본성에 따름을 도(道)라 하고, 도(道)를 마름한 것을 가르침이라 한다.

【글자 뜻】 命:명할 명. 性:성품 성. 率:따를 솔(거느릴 솔). 修:마를 수(닦을 수). 敎:가르칠 교.

【말의 뜻】 天命:하늘이 명하여 준 것. 타고난 것. 性:본성. 率性:본성에 따름. 道:길. 도리. 修道:도를 마름질함. 도의 경중을 따라 차등을 만들어 놓음. 敎:가르침. 성인의 가르침.

【문 법】 之:목적어와 타동사 사이에 붙는 조사.

【뜻 풀이】 이 글은 〈중용(中庸)〉 제1장 제1절이다. 제1장에는 〈중용〉 전편(全篇)의 대강을 말하고 있거니와, 이 제1절에서는 우선 도(道)란 하늘로부터 주어진 것이라는 도(道)의 본체(本體)를 밝힌 것이다.

- **天命之謂性** — 하늘이 명령하여 사람과 만물에게 지니도록 한 것을 본성(本性)이라 한다.
- **率性之謂道** — 이 본성에 따르는 것을 도(道)라 한다. 도(道)는 마땅히 가야 할 길이다. 사람의 본성은 선(善)한 것이며, 이 선에 따라 나아감이 사람의 도(道)인 것이다.
- **修道之謂敎** — 도(道)를 마름하여 정해 놓은 것을 성인의 가르침이라

한다.

대저 사람이란 자신이 안에 선한 본성을 지니고 있는 줄 알면서도 그것이 하늘로부터 주어진 것임을 모르고, 날마다 생활에서 겪는 일에 각각 도리가 있는 줄 알면서도 그것이 본성에서 유래된 것임을 모른다. 이리하여 마땅히 걸어가야 할 길에서 벗어나 지나치거나 미치지 못하거나 하여 악을 범하기 때문에, 성인들이 올바른 길을 구체적으로 구별해 주어, 누구나 바른길을 걸어갈 수 있도록 마련해 놓은 것이 가르침인 것이다. 따라서 이 '성(性) · 도(道) · 교(敎)' 는 결국 다 '천(天)' 에 근본을 두고 있는 것이다.

2

道也者不可須臾離也 可離非道也. 是故 君子戒愼
도 야 자 불 가 수 유 리 야　가 리 비 도 야　시 고　군 자 계 신
乎其所不睹 恐懼乎其所不聞.
호 기 소 부 도　공 구 호 기 소 불 문

도(道)란 것은 잠시도 떠날 수 없는 것이니, 떠날 수 있다면 도(道)가 아니니라. 그러므로 군자는 그 보이지 않는 바를 삼가며, 그 들리지 않는 바를 두려워하느니라.

【글자 뜻】 須:잠깐 수(모름지기 수). 臾:잠깐 유. 離:떠날 리. 戒:경계할 계. 愼:삼갈 신. 睹:볼 도. 恐:두려워할 공. 懼:두려워할 구.

【말의 뜻】 道也者:도란 것. 不可:~할 수 없음. ~해서는 안 됨. 須臾:잠깐 사이. 可離非道也:떠나도 된다면 도가 아닌 것이다. 是故:이런 까닭으로, 그러므로. 戒愼好其所不睹:그 보지 않는 곳을 삼가고 조심함. 恐懼乎其所不聞:그 듣지 않는 곳을 두려워함.

【문　법】 也:종결조사. 是故:부사. 乎:어조사. 其:대명사.

【뜻 풀이】 도(道)란 사람이 마땅히 가야 할 길이니, 이 길에서 잠시라도 벗어나면 본성을 잃게 된다. 그렇기 때문에 잠시도 떠나서는 안 된다고 강조한 것이다. 그러므로 인격이 수양된 사람은 남들이 보고 듣는 가운데서뿐 아니라, 홀로 있어 남들이 보고 듣지 못하는 가운데서도 도(道)에서 벗어날까 두려워하고 조심하는 것이다.

3

喜怒哀樂之未發 謂之中 發而皆中節 謂之和 中也者
희 노 애 락 지 미 발 위 지 중 발 이 개 중 절 위 지 화 중 야 자
天下之大本也 和也者天下之達道也.
천 하 지 대 본 야 화 야 자 천 하 지 달 도 야

기쁨과 성냄과 슬픔과 즐거움이 아직 나타나지 않은 상태를 '중(中)'이라 이르고, 나타나서 다 절도에 맞음을 '화(和)'라 이르거니와, '중(中)'이란 천하의 근본이요, '화(和)'란 천하에 통달되는 '도(道)'이니라.

【글자 뜻】 喜:기쁠 희. 怒:성낼 노(로). 哀:슬플 애. 樂:즐거울 락. 未:아닐 미. 發:발할 발. 皆:다 개. 中:맞을 중(가운데 중). 節:마디 절. 和:화할 화. 達:달할 달.

【말의 뜻】 喜怒哀樂:(희로애락)기쁨 · 성냄 · 슬픔 · 즐거움의 감정. 未發:나타나지 않음. 일어나지 않음. 中:공평 무사하여 조금의 치우침도 없음. 中節:절도에 맞음. 和:조화를 이루어 조금의 어긋남도 없음. 大本:큰 근본. 道의 본체(本體). 天命之謂性을 가리킴. 達道:통달된 道. 率性之謂道를 가리킴.

【문 법】 之:喜怒哀樂之의 之는 주격 조사, 謂之中의 之는 대명사(목적어), 天下之의 之는 소유격 조사. 而:접속사.

【뜻 풀이】 앞에서 "하늘이 명해 준 것이 본성이요, 이 본성에 따름이 도(道)"라고 말했고, 또 "도(道)는 잠시도 떠나서는 안 된다."고 말했다. 그러면 실제로 어떻게 본성을 따르고, 어떻게 도(道)를 지켜야 하는가?

사람은 감정의 동물이라고 일컬어지리만큼 항상 감정의 지배를 받아 움직이게 마련이다. 그러나 올바른 마음에서 나온 올바른 감정이라야만 도(道)에 어긋나지 않는 법이다.

희로애락의 감정이 조금도 움직이지 않는 마음의 고요한 상태, 이것이 본래의 사람의 본성인 것이니 이런 상태를 '중(中)' 이라 이르는 것이다. 이는 곧 갓난아기의 마음 그대로이니, 조금의 치우침이나 기울음도 없이, 오직 공명정대(公明正大)하고 공평무사(公平無私)할 따름인 것이다. 이런 마음의 상태에서 일으킨 감정은 자연히 다 도리에 어긋나지 않게 마련인 것이다. 이 감정이 도리에 조화된 상태를 '화(和)' 라고 하는 것이다. 그러므로 '중(中)' 이란 천하에서 가장 큰 근본인 본성이요, '화(和)' 란 천하의 모든 도리에 통용되는 도(道)라고 말한 것이다.

4

仲尼曰 君子中庸 小人反中庸.
중니왈 군자중용 소인반중용

중니(仲尼)께서 말씀하시기를
"군자는 중용을 지키고, 소인은 중용을 거슬리느니라."

【글자 뜻】 仲:버금 중. 尼:기꺼울 니(중 니). 庸:평상 용. 反:돌이킬 반.
【말의 뜻】 仲尼:공자의 字. 中庸:지나고 모자람이 없이 변함없는 도리.

【뜻 풀이】 '중용(中庸)' 이란 말이 여기에서 처음으로 나오거니와, 그러면 앞에서 말한 '중화(中和)' 와 '중용(中庸)' 과는 어떻게 다른가? 정자(程子)는 '치우치지 않음을 중(中), 변하지 않음을 용(庸)' 이라고 풀이했으며, 주자(朱子)는 이 말을 발전시켜 '치우치거나 기울지 않고 지나치거나 모자람이 없음을 중(中), 언제나 변함없는 평상(平常)을 용(庸)' 이라고도 풀이하고 있다. 결국 본성과 감정의 관점에서 볼 때 이를 '중화(中和)' 라 하고, 실천적 관점에서 볼 때 이를 '중용(中庸)' 이라 하는 것이다.

사람의 모든 생각과 말과 행동이 언제나 '중용(中庸)' 에서 벗어나지 않기란 극히 어려운 일이다. 그러므로 공자께서도 "덕이 높은 군자는 중용(中庸)에 따라 정의를 실천하지만, 소인들은 중용(中庸)을 떠나 마구 행동한다."고 말씀한 것이다.

5

子曰 道之不行也 我知之矣. 知者過之 愚者不及也.
자 왈 도 지 불 행 야 아 지 지 의 지 자 과 지 우 자 불 급 야

道之不明也 我知之矣. 賢者過之 不肖者不及也.
도 지 불 명 야 아 지 지 의 현 자 과 지 불 초 자 불 급 야

공자께서 말씀하시기를

"중용(中庸)의 도(道)가 행하여지지 못함을 내 알겠도다. 지혜 있는 사람은 이에서 지나치고 어리석은 사람은 미치지 못하는 것이니라. 도(道)가 밝혀지지 못함을 내 알겠도다. 현명한 사람은 이에서 지나치고 못난 사람은 미치지 못하는 것이니라."

【글자 뜻】 知:알 지. 지혜 지. 過:지날 과. 愚:어리석을 우. 及:미칠 급. 賢:어질 현. 肖:닮을 초.

【말의 뜻】 道:사람이 마땅히 가야 할 길, 즉 中庸의 道. 不行:행하여지지 않음. 知之:그것을 앎. 知者:지혜 있는 사람. 過之:道를 지나감. 不及:미치지 못함. 不肖者:못난 사람. 不肖는 부모의 어진 점을 닮지 못하여 어리석다는 뜻에서 나온 말. 흔히 자신을 낮추어 말할 때 사용됨.

【문 법】 之:道之의 之는 주격 조사, 知之의 之는 道之不行也, 道之不明也를 가리키는 대명사, 過之의 之는 道를 가리키는 대명사.

【뜻 풀이】 '중용(中庸)'이란 도(道)에서 지나치거나 미치지 못함이 없어야 함을 말한 것이다. 도(道)란 사람이 마땅히 걸어가야 할 '길'이다.

그러므로 사람은 모름지기 그 '길'을 알아야 하고, 그 '길'을 걸어가야 한다. 그런데 세상 사람들은 어떠한가? 지혜가 있고 현명한 사람들은 이 '중용(中庸)'의 도(道)를 부족하게 여겨 기이한 지식(道敎나 佛敎)까지 찾고 있어 도(道)에서 지나치고, 천성이 어리석은 사람은 생각이 이 도(道)에까지 미치지 못하고 있는 것이다. 또 현명하다고 자처하는 사람들은 스스로 뽐내어 행함이 도(道)에서 지나치고, 못난 사람들은 스스로 비굴하여 행함이 도(道)까지 이르지 못하고 있는 것이다.

6

子曰 天下國家可均也 爵祿可辭也 白刃可蹈也 中庸不可能也.
자왈 천하국가가균야 작록가사야 백인가도야 중용불가능야

공자께서 말씀하시기를

"천하와 국가도 고루 잘 다스릴 수 있으며, 벼슬과 녹도 사양할 수 있으며, 예리한 칼날도 밟을 수 있을지라도, 중용(中庸)은 능히 할 수 없느니라."

【글자 뜻】 均:고르게할 균. 爵:벼슬 작. 祿:녹 록. 辭:사양할 사(말씀 사). 刃:칼날 인. 蹈:밟을 도.

【말의 뜻】 可均:고루 다스릴 수 있음. 爵祿:벼슬과 녹. 可辭:사양할 수 있음. 白刃:흰 칼날. 시퍼렇게 선 칼날. 可蹈:밟을 수 있음.

【뜻 풀이】 '중용(中庸)의 도(道)'를 지키기가 어려움을 강조한 글이다.

천하나 국가를 공평하게 다스린다는 것은 몹시 어려운 일이다. 그러나 지혜(知) 있는 사람이 전심 전력하면 이루어 낼 수도 있다. 높은 벼슬자리나 많은 녹봉을 사양하기도 어려운 일이다. 그러나 정의를 존중하는 어진(仁) 사람이라면 능히 해 낼 수도 있다. 그리고 시퍼런 칼날을 밟는 일, 즉 스스로의 목숨을 버리고 적진으로 뛰어드는 일도 어렵다. 그러나 용기(勇)에 뛰어난 사람이라면 해 낼 수도 있다. 이 '지(知)·인(仁)·용(勇)'의 세 가지 덕목은 존중해야 한다. 그러나 그 각각 하나만으로는 한쪽으로 치우쳐 있어 '중용(中庸)'을 이루지 못하는 것이다. 이 세 가지 덕을 아울러 지닐 때 비로소 '중용(中庸)'은 이루어진다.

본래 '중용(中庸)의 도(道)'란 자기 집안에서도 실천할 수 있는 것이다. 마치 사람이 하루에 세 끼의 식사를 하듯이 일상 생활의 모든 일을 중용(中庸)에서 벗어나지 않게 실천해 나간다면, 이것으로써 '중용(中庸)의 도(道)'는 훌륭히 이루어진 것이다. 그러나 중용(中庸)의 원리란 터럭만큼의 사심(私心)도 없이 공평 무사(公平無私)하여, 조금의 치우침이나 지나치고 모자람이 없이 도리에 알맞아야 하며, 이런 마음과 행동이 잠시도 변함이 없어야 하는 것이니, 어찌 어려운 일이 아니랴! 오직 자기 스스로가 꾸준히 노력하지 않고서는 이루어질 수 없는 것이다.

7

君子之道費而隱. 夫婦之愚可以與知焉 及其至也
군 자 지 도 비 이 은 부 부 지 우 가 이 여 지 언 급 기 지 야

雖聖人亦有所不知焉 夫婦之不肖可以能行焉 及
수 성 인 역 유 소 부 지 언 부 부 지 불 초 가 이 능 행 언 급

其至也 雖聖人亦有所不能焉.
기 지 야 수 성 인 역 유 소 불 능 언

군자의 도(道)는 광대하면서도 은미(隱微)한 것이니라. 필부필부(匹夫匹婦)의 어리석음으로도 가히 더불어 알 수 있는 것이로되, 그 지극함에 이르러서는 비록 성인일지라도 역시 알지 못하는 바가 있는 것이며, 필부필부의 못남으로도 가히 행할 수 있는 것이로되, 그 지극함에 이르러서는 비록 성인일지라도 역시 능히 하지 못하는 바가 있느니라.

【글자 뜻】 費:넓을 비(쓸 비). 隱:숨을 은. 與:더불어 여. 焉:어조사 언. 雖:비록 수. 亦:또 역. 能:능할 능.

【말의 뜻】 費而隱:광대하면서도 隱微함. 夫婦:평범한 일반 남녀. 匹夫匹婦. 可以:할 수 있음. 與知:더불어 앎. 及其至也:그 지극함에 이르러서는.

【문 법】 而:접속사. 之:소유격 조사. 雖:부사(비록). 亦:부사(또한, 역시).

【뜻 풀이】 '군자의 도(道)'란 곧 중용의 도(道)요, 하늘의 도(道)인 것이다. 하늘은 만물을 나고 자라게 하되 어느 하나라도 버리는 일이 없이 공평 무사(公平無私)하게 다스려 나간다. 그러므로 그 도(道)는 지극

히 넓고 크면서도 지극히 작은 데까지 미치지 않는 데가 없는 것이다. 사람이 마땅히 가야 할 중용의 도(道)도 이와 같은 것이다. 사람은 누구나 본성을 지니고 있으므로 비록 어리석은 사람일지라도 옳고 그름을 분간할 수 있고, 옳음을 행할 수 있는 것이다. 그러나 도(道)는 무궁무진한지라 그 지극한 경지에 이르러서는 비록 성인일지라도 알지 못하고 행하지 못하는 바가 있는 것이다. 하늘의 도(道)가 그처럼 위대하고 공평 무사할지라도, 역시 하늘을 원망하는 사람은 있게 마련인 것이다.

8

> 子曰 道不遠人 人之爲道而遠人 不可以爲道.
> 자 왈 도 불 원 인 인 지 위 도 이 원 인 불 가 이 위 도

공자께서 말씀하시기를

"도(道)는 사람에게서 멀지 않은 법이니, 사람이 도(道)를 행하되 사람에게서 멀리 한다면 도(道)라 할 수 없느니라."

【말의 뜻】 道不遠人:도는 사람에게서 멀지 않음. 人之爲道:사람이 도를 행함. 遠人:사람에게서 멀리 함. 不可以:~할 수 없음. 爲道:도라고 함.

【문 법】 之:주격 조사. 而:접속사(~면서도).

【뜻 풀이】 사람은 하늘로부터 본성을 타고났으며, 이 본성에 따르는 것이 곧 도(道)인 것이다. 그러므로 도(道)란 인간 생활을 떠나서는 있을 수 없는 것이다. 부모는 누구나 자식을 사랑하고, 자식은 누구나 부모를 의지하고 위할 줄 안다. 또 부부 사이에 화합하고 동기간에 우애가 있다. 이는 모두가 타고난 본성에 따르는 것이다. 그러므로 이와 같은 사람의 일상 생활을 떠나서 행하는 도(道)라면, 그것이 아무리 고원(高遠)할지라도 도(道)가 될 수 없는 것이다.

9

忠恕違道不遠 施諸己而不願 亦勿施於人.
충 서 위 도 불 원 시 저 기 이 불 원 역 물 시 어 인

충서(忠恕)는 도(道)에서 멀리 어긋난 것이 아니니, 자기에게 베풀어지기 바라지 않는 것은 역시 남에게도 베풀지 말아야 하느니라.

【글자 뜻】 忠:정성 충. 恕:어질 서(용서할 서). 違:어길 위. 施:베풀 시. 諸:어조사 저(제). 모두 제. 願:원할 원. 勿:말 물.

【말의 뜻】 忠恕:忠은 자기의 마음을 다함이요, 恕는 남의 처지를 이해함. 違道:도에서 어긋남. 施諸己:자기에게 베풀어짐. 不願:바라지 않음. 勿施於人:남에게 베풀지 말아야 함.

【문 법】 諸:조사(之於 · 之乎). 而:접속사(~하여서). 亦:부사. 於:전치사.

【뜻 풀이】 '충(忠)' 은 곧 '중심(中心)' 이니 자기의 마음을 다함이요, '서(恕)' 는 곧 '여심(如心)' 이니 내 마음을 미루어 상대방의 마음을 이해함이다. 이 '충서(忠恕)' 야 말로 도(道)에 가까이 이르는 길이니 내가 바라지 않는 바는 남에게도 베풀지 않는 것, 이것이 '충서(忠恕)' 이다.

이 '충서(忠恕)' 는 공자의 중심 사상인 '인(仁)' 의 실천이다. 증자(曾子)는 스승 공자의 일관된 '도(道)는 충서(忠恕)일 뿐(〈論語〉 里仁篇)' 이라고 말하고 있으며, 공자 자신은 '서(恕)' 를 '내가 바라지 않는 바를 남에게도 베풀지 않음(己所不慾 勿施於人 — 〈論語〉 衛靈公篇)' 이라고 풀이하고 있다.

10

君子素其位而行 不願乎其外.
군 자 소 기 위 이 행　불 원 호 기 외

군자는 자기 처지에 따라 행할 뿐, 그밖의 것을 바라지 않느니라.

【글자 뜻】 素:처할 소(본디 소). 位:자리 위(벼슬 위).

【말의 뜻】 素其位而行:자기 처지에 따라 행함. 不願乎其外:그밖의 것을 바라지 않음.

【문　법】 其:대명사. 而:접속사(~하여). 乎:어조사.

【뜻 풀이】 사람은 언제나 자기가 처해 있는 환경과 조건 안에서 중용(中庸)의 도(道)를 찾아 이를 행하여야 하는 것이다. 부귀하면 부귀한 대로, 빈천하면 빈천한 대로, 또 아버지면 아버지답게, 아들이면 아들답게, 스승이면 스승답게, 학생이면 학생답게 그 처지에서 가장 도리에 알맞게 처신할 뿐, 결코 처지를 넘어선 분수 밖의 일을 행하지 말아야 하는 것이다.

11

在上位不陵下 在下位不援上 正己而不求於人 則
재 상 위 불 릉 하 재 하 위 불 원 상 정 기 이 불 구 어 인 즉
無怨 上不怨天下不尤人.
무 원 상 불 원 천 하 불 우 인

윗자리에 있으면서 아랫사람을 업신여기지 않으며, 아랫자리에 있으면서 윗사람을 끌어당기지 않고, 자신을 바르게 하고서 남에게 구하지 않는다면, 곧 원망은 없어지게 되나니, 위로는 하늘을 원망치 않고 아래로는 사람을 탓하지 않게 되느니라.

【글자 뜻】 陵:업신여길 릉(언덕 릉). 凌과 같음. 援:당길 원. 己:몸 기. 怨:원망할 원. 尤:탓할 우(더욱 우).

【말의 뜻】 在上位:윗자리에 있음. 不陵下:아랫사람을 업신여기지 않음. 援上:윗사람을 붙잡고 의지함. 正己:자신을 스스로 바르게 함. 求於人:책임을 남에게서 찾음. 上不怨天:위로 하늘을 원망치 않음. 下不尤人:아래로 남을 탓하지 않음.

【문 법】 而:접속사(~하고서). 於:전치사(~에게, ~에게서). 則:접속부사.

【뜻 풀이】 앞글에서 말한 '不願乎其外', 즉 자기의 본분을 지키어 분수 밖의 일을 하지 말아야 함을 밝히고 있다.

윗사람으로서는 윗사람답게 처신하여 아랫사람을 업신여기거나 소홀히 대하지 말아야 하고, 아랫사람으로서는 아랫사람답게 처신하여 윗사람에게 아부하여 매달리지 말아야 하며, 오직 스스로 자기 처지

와 분수에 맞는 올바른 도리를 다하여 잘못이 있으면 그 원인을 자신에게서 찾아 스스로 바로잡고 남에게로 돌리지 말아야 한다. 이렇게 하면 남에 대한 원망이 없게 마련이니, 위로는 하늘(운명)을 원망하지 않게 되고, 아래로는 모든 사람을 원망치 않게 되어, 스스로 자기의 인격을 닦아 나갈 수 있게 되는 것이다. 공자께서는 "위로 하늘을 원망치 않고, 아래로 사람을 탓하지 않으며, 아래로부터 배워 위로 통달해 간다(不怨天 不尤人 下學而上達 — 〈論語〉 憲問篇)."고 스스로를 말씀하고 있다.

12

君子之道 辟如行遠必自邇 辟如登高必自卑.
군 자 지 도 비 여 행 원 필 자 이 비 여 등 고 필 자 비

군자의 도(道)는 비유컨대 마치 멀리 감도 반드시 가까운 데서부터 시작됨과 같으며, 비유컨대 마치 높이 오름도 반드시 낮은 데서부터 시작됨과 같으니라.

【글자 뜻】 辟:비유할 비(편벽될 벽). 譬와 같음. 遠:멀 원. 自:부터 자(스스로 자). 邇:가까울 이. 登:오를 등. 卑:낮을 비.

【말의 뜻】 辟如:비유컨대 마치 ~와 같다. 行遠:멀리 감. 自邇:가까운 곳으로부터 시작됨. 登高必自卑:높이 올라감도 반드시 낮은 데로부터 시작됨.

【문　법】 之:소유격 조사. 必:부사. 自:전치사.

【뜻 풀이】 앞의 8에서 '도(道)는 사람에게서 멀지 않다' 고 말한 바 있거니와, 여기에서는 '중용(中庸)의 도(道)' 란 반드시 평범한 일상 생활의 가까운 데서부터 실천해 나가야 함을 밝히고 있다. 첫걸음이 없으면 천 리의 여행도 이루어질 수 없으며, 아무리 높은 산도 밑에서부터 올라가야 정상에 이를 수 있는 것이다. '중용(中庸)의 도(道)' 도 날마다 되풀이되는 일상 생활과 가정에서부터 이루어 나가야 높은 경지에까지 이를 수 있는 것이다. 앞글 설명에서 말한 '下學而上達' 이란 공자의 말씀도 바로 이를 두고 한 말씀이다.

13

天之生物 必因其材而篤焉 故栽者培之 傾者覆之.
천 지 생 물 필 인 기 재 이 독 언 고 재 자 배 지 경 자 복 지

하늘이 만물을 나게 함이 반드시 그 바탕을 따라서 두터이 하는 법이니, 그러므로 심겨진 것은 이를 북돋아 주고, 기울어진 것은 이를 엎어뜨리느니라.

【글자 뜻】 因:인할 인. 材:바탕 재(재목 재). 篤:도타울 독. 栽:심을 재. 培:북돋을 배. 傾:기울어질 경. 覆:엎을 복.

【말의 뜻】 生物:만물을 나게 함. 因其材而篤焉:그 바탕에 따라 독실히 함. 栽者培之:심겨진 것을 북돋아 줌. 傾者覆之:기울어진 것을 엎어버림.

【문 법】 之:주격 조사. 必:부사. 其:대명사. 而:접속사. 故:부사. 之 대명사.

【뜻 풀이】 이 글은 선을 행하여 도(道)에 따라 사는 사람에게는 복이 오고, 악을 행하여 도(道)에 어긋나는 사람에게는 재앙이 오게 됨을 해설하고 있다. 이른바 하늘이 만물을 다스리는 법이란 뿌리가 튼튼히 땅에 박힌 나무나 풀은 이를 잘 자라게 하지만 뿌리가 땅 위로 드러나 있는 나무나 풀은 말라죽게 한다. 사람도 덕의 뿌리가 도(道)에 박고 있다면, 하늘은 그의 덕을 더욱 높이고 키워 주어 무궁한 복락(福樂)을 누리게 하지만, 행실이 도(道)에 어긋나 악을 행한다면 하늘은 그 악을 엎어뜨려 재앙을 받게 한다. 이는 스스로 뿌린 씨앗을 스스로가

거두게 되는 자연의 법칙인 것이니, 오직 자기 자신이 하기에 달려 있는 것이다.

14

人道敏政 地道敏樹 夫政也者蒲盧也. 故爲政在人
인 도 민 정 지 도 민 수 부 정 야 자 포 로 야 고 위 정 재 인
取人以身 修身以道 修道以仁.
취 인 이 신 수 신 이 도 수 도 이 인

사람의 도(道)는 정치에 빠르고, 땅의 도(道)는 나무에 빠른 법이니, 대저 정치란 것은 창포나 갈대와 같으니라. 그러므로 정치를 함이 사람에게 달려 있는 것이니, 사람을 취함에는 몸으로써 해야 하고, 몸을 닦음에는 도(道)로써 해야 하고, 도(道)를 닦음에는 인(仁)으로써 해야 하느니라.

【글자 뜻】 敏:민첩할 민. 樹:나무 수. 심을 수. 蒲:창포 포. 盧:갈대 로. 蘆와 같음. 取:취할 취. 修:닦을 수.

【말의 뜻】 人道敏政:사람의 道는 정치에 빠름. 위대한 덕은 정치에 민속하게 나타나 나라가 잘 다스려짐의 뜻. 地道敏樹:땅의 道는 나무에 빠름. 땅이 기름지면 초목이 빨리 자람. 땅은 심겨진 것을 자라게 함. 蒲盧:창포와 갈대. 爲政在人:정치를 함이 사람에게 달려 있음. 어진 인재를 얻어야 함의 뜻. 取人以身:사람을 취함에는 몸으로써 함. 어진 인재를 얻으려면 먼저 자신의 덕을 닦아야 함의 뜻. 修身以道:몸은 道로써 닦음. 修道以仁:道는 仁으로써 닦음.

【문 법】 夫:발어사(부사). 故:부사. 以:전치사.

【뜻 풀이】 이 제14장은 노(魯)나라 애공(哀公)이 정치에 대하여 묻자, 공자께서 대답한 말씀이다.

위정자의 덕이 높으면 그 반응이 빨라 나라가 잘 다스려진다. 이는

마치 기름진 땅에 나무를 심은 것과 같다.(인간계에 정치의 영향이 빠름을 대지의 초목에 영향이 빠름으로 비유한 것임.) 그러므로 덕이 위대한 위정자의 정치는 마치 성장이 빠른 창포나 갈대를 기름진 땅에 심은 것처럼 곧 나라가 잘 다스려지는 것이다. 이와 같이 정치란 것은 위정자들의 덕에 달려 있는 것이니, 모름지기 어진 신하들을 얻어야 한다. 어진 신하를 얻으려면 먼저 내 자신의 덕이 있어야 하며, 자신의 덕은 인의(仁義)의 도(道)로써 닦아야 하는 것이다.

15

仁者人也親親爲大 義者宜也尊賢爲大 親親之殺
인 자 인 야 친 친 위 대 의 자 의 야 존 현 위 대 친 친 지 쇄
尊賢之等禮所生也.
존 현 지 등 예 소 생 야

인(仁)이란 사람다움이니, 친족을 친애함이 가장 중대하고, 의(義)란 마땅함이니, 현자를 존경함이 가장 중대하거니와, 친족을 사랑하는 차별과 현자를 존경하는 등급이 예가 생겨나는 근거이니라.

【글자 뜻】 宜:마땅할 의. 尊:높일 존(높을 존). 殺:덜 쇄(죽일 살). 等:등급 등(무리 등).

【말의 뜻】 仁者人也:仁이란 사람다움이다. 親親:친족을 친애함. 육친 관계를 사랑함. 爲大:큼이 됨. 가장 중대함. 義者宜也:義란 마땅함이다. 尊賢:현자를 존경함. 殺:차이. 等:등급. 禮所生:예가 생기는 바.

【뜻 풀이】 앞글에서는 몸은 인의(仁義)의 도(道)로써 닦아야 함을 말했거니와, 여기에서는 이를 받아 인(仁)과 의(義)와 예(禮)의 근본을 밝히고 있다.

인(仁)이란 것은 곧 사람다움을 말하는 것이니, 부모와 형제를 사랑하는 것이 그 근본이다. 또 의(義)란 것은 마땅히 해야 할 옳음이니, 현자와 윗사람을 존경하는 것이 그 본이다. 그리고 육친 관계를 사랑하되 그 멀고 가까움에 따라 사랑하는 차별이 생기고, 현자와 윗사람

을 존경하되 그 높고 낮음의 차이에 따라 존경하는 등급이 생기거니와, 예(禮)란 바로 여기에서 생기게 되는 것이다.

16

或生而知之 或學而知之 或困而知之 及其知之一也. 或安而行之 或利而行之 或勉强而行之 及其成功一也.

혹생이지지 혹학이지지 혹곤이지지 급기지지일야 혹안이행지 혹리이행지 혹면강이행지 급기성공일야

어떤 사람은 나면서부터 이(道)를 알며, 어떤 사람은 배워서 이를 알며, 어떤 사람은 애쓴 뒤에야 알게 되거니와, 그 이를 알게 됨에 이르러서는 한가지이니라. 어떤 사람은 편안히 이를 행하며, 어떤 사람은 이롭게 여겨 이를 행하며, 어떤 사람은 애써 노력한 뒤에야 이를 행하게 되거니와, 그 공을 이룸에는 한가지이니라.

【글자 뜻】 或:혹 혹. 困:곤할 곤. 勉:힘쓸 면. 强:힘쓸 강(강할 강).

【말의 뜻】 或:어떤 사람. 生而知之:나면서부터 道를 앎. 困而知之:고생하여 배운 다음에 道를 앎. 及其知之一也:그 앎에 이르러서는 한가지이다. 安而行之:편안히 道를 행함. 利而行之:이롭게 여겨 道를 행함. 勉强而行之:노력한 끝에 道를 행함. 及其成功一也:그 공을 이룸에는 한가지이다.

【문　법】 而:접속사(~하여, ~하고서). 之:道를 가리키는 대명사.

【뜻 풀이】 사람이 마땅히 가야 할 올바른 도(道)를 행하려면 먼저 그것을 알아야 한다. 그런데 성인은 배우지 않고서도 나면서부터 이를 알고, 현자는 배워서 알지만 보통 사람들은 고생하여 배운 끝에야 알게 된

다. 그러나 도(道)를 아는 경지에 이르게 된다면 누가 아는 것이나 마찬가지이다. 또 성인의 행동은 절로 도(道)에 맞아들지만 현자는 도(道)를 행하는 것이 옳겠다고 생각하여 이를 실천하고, 보통 사람들은 애써 노력하여야만 도(道)에서 벗어나지 않게 되는 것이다. 그러나 올바른 도(道)를 행한다면 누가 행한 것이나 마찬가지이다.

17

好學近乎知 力行近乎仁 知恥近乎勇. 知斯三者則
호 학 근 호 지　역 행 근 호 인　지 치 근 호 용　지 사 삼 자 칙
知所以修身 知所以修身則 知所以治人 知所以治
지 소 이 수 신　지 소 이 수 신 칙　지 소 이 치 인　지 소 이 치
人則 知所以治天下國家矣.
인 칙　지 소 이 치 천 하 국 가 의

배우기 좋아함은 지(知)에 가깝고, 힘써 행함은 인(仁)에 가깝고, 부끄러움을 앎은 용(勇)에 가까우니라. 이 세 가지를 알면 몸 닦는 방법을 알게 되고, 몸 닦는 방법을 알면 사람 다스리는 방법을 알게 되고, 사람 다스리는 방법을 알면 천하와 국가 다스리는 방법을 알게 될 것이니라.

【글자 뜻】 知:지혜 지(알 지). 智와 같음. 力:힘쓸 력(힘 력). 恥:부끄러울 치. 勇:날랠 용. 斯:이 사.

【말의 뜻】 好學:배우기를 좋아함. 近乎知:智에 가까움. 力行:힘써 행함. 知恥:부끄러움을 앎. 斯三者:이 세 가지. 好學 · 力行 · 知恥, 즉 智 · 仁 · 勇. 所以:방법. 까닭.

【문　법】 乎:전치사(~에). 於와 같음. 斯:대명사. 則:접속사.

【뜻 풀이】 '지(智) · 인(仁) · 용(勇)' 은 도(道)를 실천하는 데 필요한 세 가지 요건이다. 앞글에서 본 바와 같이 보통 사람은 애써 배워야 도(道)를 알고, 애써 실천해야 도(道)를 행할 수 있는 것이다. 그러므로 누구나 도(道)를 배우기를 좋아하여 노력하면 '지(智)' 를 얻을 수 있고, 도(道)를 실천하기에 힘쓴다면 '인(仁)' 에 가까워지게 되고, 행동이 도

(道)에 미치지 못함을 부끄러이 여긴다면 '용(勇)' 에 이르게 되는 것이다. 이 세 가지는 곧 자신의 덕을 닦는 길이니, 자신의 덕을 닦을 수만 있다면 사람은 절로 다스릴 수 있게 되어, 나라와 천하를 다스리는 길은 절로 터득할 수 있게 된다는 것이다.

18

凡事豫則立 不豫則廢 言前定則不跲 事前定則不
범 사 예 칙 립 불 예 칙 폐 언 전 정 칙 불 겁 사 전 정 칙 불
困 行前定則不疚 道前定則不窮.
곤 행 전 정 칙 불 구 도 전 정 칙 불 궁

대저 일이란 미리 정해짐이 있으면 성립되고, 미리 정해짐이 없으면 실패하나니, 말이 미리 정해져 있으면 엎질러지지 아니하고, 일이 미리 정해져 있으면 막히지 아니하고, 행할 것이 미리 정해져 있으면 괴로워하지 아니하고, 도(道)가 미리 정해져 있으면 궁함이 없느니라.

【글자 뜻】 凡:무릇 범. 豫:미리 예. 廢:폐할 폐. 跲:넘어질 겁. 困:곤할 곤. 疚:앓을 구. 꺼림칙할 구. 窮:궁할 궁.

【말의 뜻】 凡:무릇. 대저. 豫則立:미리 정해져 있으면 성립됨. 廢:실패함. 쓰러짐. 不跲:넘어지지 않음. 실천됨. 不困:막히지 않음. 疚:괴로워함. 꺼림칙함. 窮:궁해짐. 궁박해짐.

【문 법】 凡:발어사(부사). 則:접속사.

【뜻 풀이】 세상의 모든 일은 미리 준비되어 있으면 이루어지고, 미리 준비됨이 없으면 이루어지지 못한다. 말하기 전에 마련됨이 있으면 그 말은 실언(失言)이 되지 않고 실천되며, 일을 착수하기 전에 다 준비되어 있다면 그 일은 가다가 중단되는 일이 없이 순조롭게 이루어질 것이다. 또 행동에 앞서 행할 것을 미리 정해 놓고서 행한다면 망설이거나 후회하지 않을 것이며, 올바른 도(道)를 미리 정해 놓음이 있다면 가다가 길이 막히는 일이 없을 것이다.

19

在下位不獲乎上 民不可得而治矣. 獲乎上有道 不
재 하 위 불 획 호 상 민 불 가 득 이 치 의 획 호 상 유 도 불

信乎朋友 不獲乎上矣. 信乎朋友有道 不順乎親
신 호 붕 우 불 획 호 상 의 신 호 붕 우 유 도 불 순 호 친

不信乎朋友矣. 順乎親有道 反諸身不誠 不順乎親
불 신 호 붕 우 의 순 호 친 유 도 반 저 신 불 성 불 순 호 친

矣. 誠身有道 不明乎善 不誠乎身矣.
의 성 신 유 도 불 명 호 선 불 성 호 신 의

아랫자리에 있으면서 윗사람의 신임을 얻지 못하면 능히 백성을 다스릴 수 없느니라. 윗사람의 신임을 얻는 데 길이 있으니 벗들에게 믿음이 없으면 윗사람의 신임을 얻지 못하리라. 벗들에게 믿음을 얻는 데 길이 있으니, 부모에게 순종하지 않는다면 벗들에게 믿음을 얻지 못하리라. 부모에게 순종하는 데 길이 있으니 몸을 반성하여 진실되지 못한다면 부모에게 순종하지 못하리라. 몸을 진실되게 함에 길이 있으니, 선(善)에 밝지 아니하면 몸이 진실되어지지 못하리라.

【글자 뜻】獲:얻을 획. 順:기뻐할 순. 따를 순(순할 순). 反:돌이킬 반. 諸:어조사 저(제). 誠:진실할 성. 정성 성.

【말의 뜻】在下位:아랫자리에 있음. 獲乎上:윗사람의 신임을 얻음. 不可得而治:능히 다스릴 수 없음. 信乎朋友:벗들에게 신임이 있음. 順乎親:부모에게 순종함. 부모를 기쁘게 함. 反諸身:자기 몸을 반성함. 誠身:자기 몸을 진실되게 함. 明乎善:선에 밝음.

【문 법】乎전치사. 於의 뜻. 而접속사. 矣추량종결조사. 諸어조사. 之於 · 之乎의 뜻.

【뜻 풀이】 이 글은 선(善)을 가리어 행동이 항상 선에 머물게 하는 '성신(誠身)' 이야말로 모든 인간 생활의 근본임을 말하고 있다.

윗사람의 신임을 얻지 못하면 아랫사람을 다스릴 수 없다. 윗사람의 신임을 얻으려면 먼저 친구들의 신임을 얻어야 한다. 친구들이 그를 믿어 주지 않는다면 윗사람은 그를 믿지 않기 때문이다. 친구들의 신임을 얻으려면 먼저 자기 부모를 효도로 섬겨 그 마음을 편하게 해 드려야 한다. 부모의 마음을 편안하게 해 드리려면 먼저 자기 자신을 진실되게 해야 한다. 자기 자신이 진실되지 못하다면 아무리 물질적으로 잘 섬길지라도 부모의 마음은 편안해지지 않기 때문이다. 그러므로 자신을 진실되게 하는 '성신(誠身)' 이야말로 모든 행동의 근본이라 하겠다. 그러면 '성신(誠身)' 은 어떻게 해야 하는가? 선(善)을 가리어 항상 마음이 선을 지니고 말과 행동이 선에서 벗어나지 말아야 하는 것이다. 여기에서 '성(誠)' 이란 말이 처음 나오거니와, 다음 대문에 '성(誠)' 에 대한 해설이 나온다.

20

誠者天之道也 誠之者人之道也 誠者不勉而中 不思
성 자 천 지 도 야　성 지 자 인 지 도 야　성 자 불 면 이 중　불 사
而得 從容中道 聖人也 誠之者擇善而固執之者也.
이 득　종 용 중 도　성 인 야　성 지 자 택 선 이 고 집 지 자 야

진실됨이란 하늘의 도(道)요, 진실되려고 함은 사람의 도(道)이니, 진실된 사람은 힘쓰지 않아도 선에 맞고 생각지 않아도 선을 얻어 모든 행동이 절로 도리에 맞아들거니와, 이는 곧 성인이요, 진실되려고 애쓰는 사람은 선을 가리어 이를 굳게 지켜나가는 사람이니라.

【글자 뜻】 勉:힘쓸 면. 中:맞을 중. 從:종용할 종(좇을 종). 容:종용할 용(얼굴 용). 擇:가릴 택. 固:굳을 고. 執:잡을 집.

【말의 뜻】 誠者:진실된 것. 참되어 조금의 허망함이 없음. 誠之者:이를 진실되게 하는 것. 진실되려고 노력하는 것. 不勉而中:힘쓰지 않아도 절로 선에 맞음. 不思而得:생각지 않고도 선을 얻음. 從容:조용함. 한가하고 자연스러운 모양. 中道:道에 맞음. 擇善:선을 가려 냄. 그 선을 굳게 잡고 지킴.

【문　법】 之:天之·人之의 之는 소유격 조사, 誠之·執之의 之는 대명사. 而:접속사(~하여도, ~하여).

【뜻 풀이】 〈중용(中庸)〉의 제2의 주제라고 할 수 있는 '성(誠)'에 대한 해설이다. 그러면 〈중용〉에서 말하는 '성(誠)'이란 어떤 것인가? 주자(朱子)는 '眞實無妄함을 성이라 하며, 이는 天理의 本然'이라고 풀이하고 있다. 즉 '眞實無妄'이란 '진실되어 조금의 망령된 점이 없다'는

뜻이요, '天理의 本然'이란 '하늘의 이치의 본래적인 모습'이란 말이다.

하늘의 기운은 온 우주 공간에 가득 차 있어, 춘하추동의 계절과 밤과 낮의 순환 운동을 영원히 계속하되 조금의 어긋남이 없으며, 천하의 만물로 하여금 각각 그 본성에 따라 살게 하여 일호(一毫)의 망령됨이 없거니와, 이것이 곧 '성(誠)'인 것이다. 사람의 하늘로부터 받은 본성도 본래는 이와 같이 '眞實無妄'한 것이다. 단지 육체와 마음을 형성하고 있는 기운이 후천적으로 치우치고 기울어지게 되어 올바른 본성을 잃게 되는 것이다. 그러나 오직 성인만은 나면서부터 절로 하늘의 도(道)를 알고, 행동이 절로 하늘의 도인 중용(中庸)에 맞아, 하늘과 마찬가지로 오로지 '성(誠)' 그대로인 것이다. 이는 앞의 16절에서 성인은 '生而知之 · 安而行之'한다고 말한 바와 같은 뜻이다. 또 여기에서 말하고 있는 '誠之者', 즉 하늘의 도(道)에 따라 진실되려고 노력하는 사람이란, 16절에서 말하고 있는 '困而知之 · 勉强而行之' 하는 보통 사람들이다. 보통 사람들이란 애써 배워야 겨우 도(道)를 알게 되고, 애써 행하여야 겨우 그 행동이 도(道)에 맞아들게 되는 것이다. 그러므로 진실해지려고 바라는 사람은 모름지기 선을 가리어 그 선을 잃지 않도록 꽉 붙잡고 굳게 지켜 나가야 하는 것이니, 이것이 사람의 도인 것이다.

21

博學之 審問之 愼思之 明辯之 篤行之.
박 학 지 심 문 지 신 사 지 명 변 지 독 행 지

널리 배우며, 자세히 물으며, 신중히 생각하며, 명확하게 분별하며, 독실히 행할지니라.

【글자 뜻】 博:넓을 박. 審:자세할 심(살필 심). 愼:삼갈 신. 辯:분별할 변. 篤:도타울 독.

【말의 뜻】 博學之:널리 배움. 審問之:자세히 물음. 愼思之:신중히 생각함. 明辯之:명확하게 분별함. 篤行之:독실히 실천함.

【문　법】 之:대명사. 道를 가리킴.

【뜻 풀이】 이는 앞글에서 말한 '誠之者', 즉 스스로 진실되려고 노력하는 보통 사람이 지켜야 할 다섯 가지 조목이다. 보통 사람은 선을 가려내어 그것을 굳게 지켜 나가야 한다. 그러므로 첫째 단계에서는 널리 성인의 가르침을 배우고 모르는 바를 자세히 따져 물어서 선과 악을 우선 알아야 하며, 둘째 단계에서는 그 안 바를 스스로 깊이 생각하여 그것이 선인지 악인지를 분명히 판단해야 하며, 마지막으로 선을 가려내어 이를 철저히 실천하기에 힘써야 하는 것이다.

22

人一能之己百之 人十能之己千之.
인 일 능 지 기 백 지 인 십 능 지 기 천 지

남이 한 번에 능히 하거든 나는 백 번을 하고, 남이 열 번을 능히 하거든 나는 천 번을 할지어다.

【말의 뜻】 人一能之:다른 사람이 한 번에 이를 능히 함. 己百之:나는 백 번을 함.

【문 법】 能:동사. 之:대명사.

【뜻 풀이】 이는 보통 사람이 덕을 닦아 나가는 방법이다. 현명한 사람이 한 번에 능통해지거든 나는 열 번이나 백 번을 되풀이하고, 현명한 사람이 열 번에 능통해지거든 나는 백 번이나 천 번을 되풀이하여 꾸준히 성의를 다한다면, 아무리 자질이 우둔한 사람일지라도 반드시 밝은 지혜와 높은 덕을 쌓을 수 있는 것이다.

23

天地之道 可一言而盡也 其爲物不貳 則其生物不測.
천 지 지 도 가 일 언 이 진 야 기 위 물 불 이 즉 기 생 물 불 측

하늘과 땅의 도(道)는 가히 한 마디로 다 말할 수 있으니, 그 물건의 됨됨이가 한결같은지라, 곧 그 만물을 나게 함이 헤아릴 수 없는 것이니라.

【글자 뜻】 盡:다할 진. 貳:두 이. 測:헤아릴 측.

【말의 뜻】 可一言而盡:한 마디 말로 다 설명할 수 있음. 爲物:물건의 됨됨이. 不貳:한결같음. 오로지 誠함의 뜻. 盛一不貳 生物:만물을 生成시킴. 不測:헤아릴 수 없음. 무궁무진함.

【문 법】 之:소유격 조사. 而:접속사. 其:대명사. 則:접속사.

【뜻 풀이】 이 대문은 하늘과 땅의 만물을 다스리는 방법이 오직 진실할 뿐임을 말하고 있다. 하늘과 땅이 우주 천체를 운행시키고 만물을 빠짐없이 나고 자라게 하는 방법도 한 마디 말로 다 나타낼 수 있으니, 그것은 곧 지극히 진실되기 때문이다. 즉 하늘과 땅의 되어짐이 한결같이 진실되어 조금도 변함없이 작용하기 때문에, 능히 만물을 나고 자라게 하는 무궁무진한 힘을 지니고 있는 것이다.

24

今夫天斯昭昭之多 及其無窮也 日月星辰繫焉 萬
금 부 천 사 소 소 지 다 급 기 무 궁 야 일 월 성 신 계 언 만

物覆焉. 今夫地 一撮土之多 及其廣厚 載華嶽而
물 부 언 금 부 지 일 촬 토 지 다 급 기 광 후 재 화 악 이

不重 振河海而不洩 萬物載焉.
부 중 진 하 해 이 불 설 만 물 재 언

今夫山 一卷石之多 及其廣大 草木生之 禽獸居之
금 부 산 일 권 석 지 다 급 기 광 대 초 목 생 지 금 수 거 지

寶藏興焉. 今夫水 一勺之多 及其不測 黿鼉蛟龍
보 장 흥 언 금 부 수 일 작 지 다 급 기 불 측 원 타 교 룡

魚鱉生焉 貨財殖焉.
어 별 생 언 화 재 식 언

대저 하늘이란 곧 작은 반짝임들이 많이 모인 것이나, 그 무궁함에 이르러서는 해와 달과 별들이 매여 있으며, 만물이 덮여 있느니라. 대저 땅이란 한 줌의 흙이 많이 모인 것이나, 그 넓고 두터워짐에 이르러서는 화산(華山)을 싣고서도 무거워하지 아니하고, 강과 바다를 거두어 안고서도 새게 하지 않으며, 만물이 실려 있느니라. 대저 산이란 주먹만한 돌이 많이 쌓인 것이나, 그 넓고 큼에 이르러서는 풀과 나무들이 자라나고 새와 짐승들이 살며, 보물의 묻힘이 흥성하니라. 대저 물이란 한 구기의 물이 많이 모인 것이나, 그 헤아릴 수 없이 많음에 이르러서는 큰자라와 악어, 교룡과 용, 물고기와 자라들이 살며, 재화들이 번식하느니라.

【글자 뜻】 斯:이 사. 昭:밝을 소. 辰:별 신(진). 繫:매일 계. 覆:덮을 부(복). 撮:줌 촬(쥘 촬). 華:빛날 화. 嶽:뫼뿌리 악. 振:거둘 진(떨칠

진). 洩:샐 설. 載:실을 재. 卷:주먹 권(책 권). 拳과 같음. 禽:새 금. 獸:짐승 수. 寶:보배 보. 藏:감출 장. 勺:구기 작. 黿:큰자라 원. 鼉:악어 타. 蛟:교룡 교. 龍:용 룡. 鼈:자라 별. 殖:불을 식.

【말의 뜻】 昭昭:희미하게 밝은 것. 작게 반짝이는 모양. 星辰:(성신)별들. 繫焉:매여 있음. 覆焉:덮여 있음. 一撮土:한 줌의 흙. 華嶽:華山. 중국 陝西省에 있으며 五嶽 중의 하나. 不重:(부중)무거워하지 않음. 振河海:강과 바다를 수용함. 不洩:새지 않음. 一卷石:한 개의 주먹만한 돌. 寶藏興焉:금 · 은과 같은 보물이 많이 매장되어 있음. 一勺:한 구기의 물. 일 작은 일 홉의 십분의 일. 黿鼉:큰자라와 악어. 蛟龍:교룡과 용. 魚鼈:물고기와 자라. 貨財殖焉:진주나 산호와 같은 보화가 번식함.

【문 법】 今夫:발어사(이제, 대저). 斯:대명사. 而:접속사.

【뜻 풀이】 앞글에서 본 바와 같이 하늘과 땅의 도(道)는 오로지 진실됨이 한결같은지라 만물을 나고 자라게 함이 무궁무진한 것이다.

저 하늘도 따지고 보면 작은 희뿌연 기운이 모여서 이루어진 것에 불과하다. 그러나 그 모임이 무궁무진함에 이르러 한결같이 진실될 뿐이므로, 해와 달과 별들이 제자리를 얻어 운행되며, 만물이 이에 덮여 산다. 또 저 땅도 따지고 보면 한 줌의 흙들이 쌓여서 된 물질에 불과하다. 그러나 그 쌓임이 한없이 넓고 두터움을 이루어 오직 한결같이 진실될 뿐이므로, 태산준령(泰山峻嶺)을 싣고서도 무거워하지 않고 큰 강과 넓은 바다를 수용하고서도 한 방울도 밖으로 새나가게 하지 않을 수 있으며 만물이 이에 실려 사는 것이다. 또 산과 바다는 어떠한가? 산이란 따지고 보면 주먹만한 돌들이 쌓여서 된 것에 불과하다. 그러나 그 쌓임이 높고 큰지라 온갖 풀과 나무들이 여기에 자라

나고, 온갖 새와 짐승들이 여기에 살며, 금 · 은 · 옥과 같은 보화들이 매장되어 있는 것이다. 그리고 바다란 따지고 보면 한 종지의 물이 모여서 이루어진 것에 불과하다. 그러나 그 모임이 헤아릴 수 없을 만큼 넓고 깊은지라 거북과 악어와 자라와 온갖 물고기들이 여기에 살며, 진주나 산호와 같은 보화들이 번식하는 것이다.

사람이 덕을 쌓음에도 한 가지 한 가지 선한 일을 가리어 꾸준히 실천하여, 모든 선을 한결같이 행하여 지극히 진실됨에 이르렀을 때, 그 덕은 절로 온 나라와 천하에 미치게 되는 것이다.

25

君子尊德性而道問學 致廣大而盡精微 極高明而道
군 자 존 덕 성 이 도 문 학 치 광 대 이 진 정 미 극 고 명 이 도
中庸 溫故而知新 敦厚以崇禮.
중 용 온 고 이 지 신 돈 후 이 숭 례

군자는 덕성을 존중하고 학문의 길을 따르거니와, 넓고 큼을 이루되 자세하고 작은 것까지 다 밝히며, 높고 밝음을 다하되 중용의 길을 가며, 옛것을 익히어 새것을 알며, 공경된 마음을 더욱 두터이 하여 예절을 숭상하여야 하느니라.

【글자 뜻】 尊:높일 존(높을 존). 道:따를 도(길 도). 致:이룰 치. 盡:다할 진. 精:자세할 정. 微:작을 미. 極:극진할 극. 溫:익힐 온(따뜻할 온). 故:예 고(연고 고). 敦:도타울 돈. 厚:두터울 후. 崇:숭상할 숭.

【말의 뜻】 尊德性:타고난 덕성을 높임. 道問學:묻고 배움을 따름. 학문의 길을 감. 致廣大:넓고 큼을 이룸. 盡精微:자세하고 작은 것에도 다 미침. 道中庸:중용의 길을 감. 溫故:옛것을 익힘. 知新:새것을 앎. 敦厚:두터움을 더욱 두터이 함. 崇禮:예절을 숭상함.

【문 법】 而:접속사(~하고서, ~하여). 以:접속사(써). 尊·道·致·盡·極·溫·知·敦·崇:동사.

【뜻 풀이】 인격을 수양함에는 모름지기 덕성의 함양과 학문을 넓히는 두 가지 면을 아울러 닦아 나가야 한다. 덕성이란 사람이 타고나서 지니고 있는 도덕적 본성이요, 묻고 배우는 학문이란 후천적으로 선에 대한 지혜를 넓히는 길이다. 덕성을 기르는 것이 안으로부터 몸을 닦는

길이라면, 모르는 바를 배우고 묻는 학문이란 밖으로부터 받아들여 몸을 닦는 길이니, 이 두 가지 면을 아울러 성실히 닦아 나가야 덕은 높아지게 마련이며, 지극한 덕에까지 이르면 다음의 네 가지 방법에 따라야 하는 것이다.

• 넓고 큼을 다 이루되 자세하고 작은 것도 빠뜨리지 말라. 땅은 한없이 넓고 커서 만물을 나고 자라게 하되 풀 한 포기 나무 한 그루에 이르기까지 소홀함이 없다. 군자의 덕도 이와 같아야 하는 것이다.

• 높고 밝음을 다 이루되 중용의 길을 가라. 하늘은 한없이 높고 밝아 우주와 천체를 거느리고 계절의 순환과 밤낮의 교체를 이루되, 한 치도 궤도에서 어긋남이 없이 언제나 중용의 길을 걷는다. 군자의 덕도 이와 같아야 하는 것이다.

• 옛것을 익히어 새것을 알라. 옛날 성현들의 도리를 공부하고 익히되 거기에서 현실에 맞는 새로운 원리를 터득해야 한다. '온고이지신(溫故而知新)' 은 〈논어(論語)〉 爲政篇에 있는 공자의 말씀이다.

• 공경된 마음을 더욱 두터이 하여 예절을 숭상하라. 예절이란 사람으로서 마땅히 따라야 할 도덕 규범이다. 사람마다 예절을 존중하는 풍부한 마음을 지니고 있다면 사회 질서는 절로 유지되고, 예절을 소홀히 여긴다면 사회 질서는 문란해지게 마련인 것이다. 그러므로 장차 그 사회의 지도자가 될 군자라면 항상 예절을 숭상하고 예로써 스스로의 행동을 단속해야 하는 것이다.

26

詩日 衣錦尙絅 惡其文之著也 故 君子之道 闇然
시왈 의금상경 오기문지저야 고 군자지도 암연
而日章 小人之道的然而日亡. 君子之道 淡而不厭
이일장 소인지도적연이일망 군자지도 담이불염
簡而文 溫而理 知遠之近 知風之自 知微之顯 可
간이문 온이리 지원지근 지풍지자 지미지현 가
與入德矣.
여입덕의

〈시경(詩經)〉에 이르기를

“비단옷을 입고서 홑옷을 덧입었네.” 라 하였으니, 이는 그 무늬가 드러남을 꺼려한 것이니라. 그러므로 군자의 도(道)는 어두컴컴하되 날로 밝아지고, 소인의 도(道)는 뚜렷하되 날로 희미해지느니라. 군자의 도(道)는 담담하되 싫증나지 않고, 간략하되 무늬가 있으며, 온후하되 조리 있거니와, 먼 것의 원인이 가까운 것에 있음을 알고, 바람이 불어오는 곳을 알며, 은미한 것이 뚜렷해짐을 안다면, 가히 더불어 덕으로 들어갈 수 있느니라.

【글자 뜻】 衣:입을 의(옷 의). 錦:비단 금. 尙:더할 상(숭상할 상). 絅:홑옷 경. 惡:미워할 오(악할 악). 文:무늬 문(글월 문). 著:드러날 저. 闇:어두울 암. 章:밝을 장(글장 장). 的:밝을 적(표적 적). 亡:없을 망(망할 망). 淡:맑을 담. 厭:싫어할 염. 簡:간략할 간. 自:부터 자(스스로 자). 微:작을 미. 顯:나타날 현.

【말의 뜻】 詩:〈詩經〉 衛風 碩人篇의 시. 衣錦:비단옷을 입음. 尙絅:홑옷

을 위에 덧입음. 惡其文之著:그 무늬가 겉으로 드러남을 싫어함. 闇然:어두컴컴한 모양. 日章:날로 밝아짐. 的然:확실히 나타난 모양. 日亡:날로 없어져 감. 淡而不厭:담담하되 싫지 않음. 簡而文:간략하되 무늬가 남. 溫而理:온후하되 사리에 밝음. 遠之近:먼 데 나타난 결과의 원인이 가까이 있음. 남에게 나타난 결과의 원인이 자기에게 있음. 風之自:바람이 불어오는 곳. 밖으로 나타나는 덕의 근본이 안에 있음의 뜻. 微之顯:은미한 것이 겉으로 잘 나타남. 남몰래 마음속에 지닌 것이 반드시 겉으로 나타남의 뜻. 可與入德:함께 덕으로 들어갈 수 있음.

【문 법】 其:대명사. 之:소유격 조사. 而:접속사(~하여도, ~하여).

【뜻 풀이】 이 글은 덕을 닦되 안에 깊이 간직하고 있어야 함을 밝히고 있다.

세상 사람들은 흔히 자기가 조금만 남보다 알아도 이를 자랑하려 하고, 또 조금만 선한 일을 해도 그것이 알려지기를 바란다. 그러나 인격이 수양된 사람은 절대로 자기의 지식을 자랑하지 않고, 자기의 덕행이 알려지기를 바라지 않는다.

〈시경(詩經)〉에 이르기를, "비단옷을 입고서 그 위에 홑옷을 덧입었네." 라고 했거니와, 이는 비단옷의 아름다운 무늬가 너무 겉으로 드러남을 꺼려하여, 그 위에 수수한 무명 홑옷을 덧입어 그 화려함을 감춘 것이다. 사람의 덕도 이와 마찬가지이다. 덕이란 겉으로 나타내면 곧 그 빛이 바래어 싫증이 나고, 속에 감추어 지니고 있으면 날이 갈수록 더욱 빛나게 마련인 것이다. 또 세상 이치란 대개 말쑥하면 곧 싫증이 나고 간략하면 문체가 없고, 온후하면 산만하기 일쑤이다. 그러나 군자의 덕은 마치 속에 아름다운 비단옷을 입고 그 위에 은은히 비치는 홑옷을 덧입은 것과 같기 때문에, 얼른 보기에 담담할지라도 아무리 보아도 싫증나지 않고, 겉으로는 온후하되 분명한 사리를 잃지 않고 있는 것이다. 그러므로 멀리 남들에게 나타나는 결과의 원인이 가까운 자기에게 있고, 은미한 덕이라야 뚜렷이 나타나게 된다는 이치를 알고 이를 실천하는 사람이라야 위대한 덕을 이룰 수 있는 것이다.

온고지신(溫故知新)

'온고(溫故)'는 옛것을 익힌다는 뜻이고, '지신(知新)'은 새것을 안다는 뜻으로 새로운 것을 알기 위해서 옛것을 익히고 배워야 한다.

학문을 키워주는 미래로의 산책

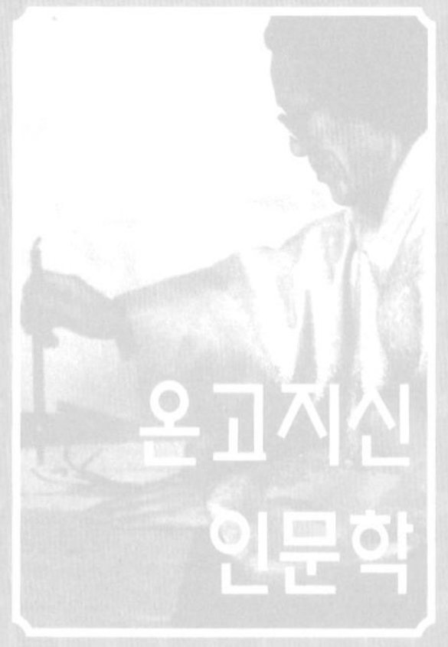